Diogenes Taschenbuch 113

detebe

Hans Wollschläger

Die Gegenwart einer Illusion

Reden gegen ein Monstrum

Diogenes

Erstausgabe

100/79/9/1
ISBN 3 257 20576 7

Inhalt

Die Gegenwart einer Illusion

O métaphysique! nous sommes aussi avancés que du temps des premiers Druides!

Voltaire.

Es ist eine Weile her, daß diese Reden gehalten worden sind, und sieht man auf sie zurück, so kommt's einem manchmal so vor, als sei es Jahrhunderte her: so eingeschmolzen sind sie unterdes in den großen allgemeinen Schall der Widerworte gegen die Widerwärtige, daß man sich ernstlich überlegen müßte, ob man sie wirklich noch einmal daraus lösen soll, sie abstrakt machen soll von ihrer und ihres Gegenstandes Historizität. Denn was sie sagen, ist ja lange und längst schon gesagt; es hat die Geschichte der Widerwärtigen begleitet wie das gute Schlechte Gewissen, das sie selber nie hatte, und müßte nun eigentlich zurückbleiben bei dieser Geschichte, zu der sie lange längst geworden ist: – trägt man nicht gar am Ende nur bei zu einer Gegenwärtigkeit, die ihr zu verleiden und zu beschneiden man doch vor allem anderen angetreten ist? Sie ist noch da, wirkend, mächtig sogar noch in ihrer Ohnmacht, weil diese Ohnmacht, Schatten einer unvorstellbaren einstigen Gewalt, sogar noch als Schatten mächtig ist. Aber lebendig ist sie nicht mehr, mitdenkender und mithandelnder Teil des fortschreitenden Lebens: sie ist ein Anachronismus geworden, und wer sich auf den verschnörkelten Unsinn, mit dem sie heute den über sie weggegangenen Weltlauf bespricht, trotzdem einläßt, noch und noch einmal, der läuft Gefahr, selbst als bloßer Chronist zum Anachronisten zu werden – und als Bekämpfer unweigerlich vor dem Hintergrundsbild der Windmühlenflügel zu bleiben. Kein Zweifel: Daß die große philosophische Aufklärungsliteratur gegen sie noch weniger als ohnehin gewohnt wenig ins Menschheitsbewußtsein gedrungen ist, liegt mit darin begründet, daß die, allen Gegenanschein zersetzend sich erweisende, Historizität ihres Gegenstandes sie selber deaktualisiert hat; wer diese Wirkungsmechanik voll überblickt, gewinnt keinen geringen Begriff davon, welche erdrückende und erstickende Macht noch der schlichte Deckbegriff des ›Konservativen‹ eigentlich umschließt. Beiseite gelassen, ob ein Text wie Nietzsches ›Antichrist‹ heute als Neuerscheinung so unangefochten erscheinen könnte wie 1895, – nicht seine Eigenart, sondern die Eigenart seines Themas hat die Explosivität entschärft, die er hatte und hat, jenen »höchsten Begriff von Dynamit«, der heute, andererseits, vielleicht sogar auf den Nobelpreis rechnen könnte. Sie sind ihr, der Widerwärtigen, schon seit längerer Zeit nicht mehr gefährlich, die Widerworte gegen sie, und nur deshalb, eben deshalb allein ist es auch ungefährlich geworden, gegen sie zu reden: ihre Gewalt, »zu zerstören, zu vertilgen und auszureißen«, einstmals bis zur habituellen Lebensvertilgung mächtig, ist ebenso schattenhaft geworden wie ihre ganze Substanz, und nur einen grauen Abglanz von dem, was sie sich einstens von Gottes Gnaden verliehen sein ließ, verleiht ihr freiwillig noch des Staates Gnade – (ich habe selber einmal gesehen, wie Karlheinz Deschner, der seine Kirchenbetrachtung in dem Ausdruck »Leichenbesichtigung« zusammengefaßt hatte, sich von einem Staatsanwalt, der ihn deshalb wegen

»Religionsbeschimpfung« verurteilt sehen wollte, gequetscht jovial auf die Schulter klopfen lassen mußte, ohne daß ihm die Reinigungskosten für den Anzug vom Gericht erstattet wurden: es war eine wahre Konzentration von Anblick, in der sich vieles zur Anschauung brachte). Aber auch Gerichte tragen nichts Sonderliches mehr bei zur Frage von Sein oder Gewesensein der von ihnen Geschützten; sie helfen nur einmal mehr das große Erstaunliche von beider Untrennbarkeit definieren, und das Schlimmste, das ihre Urteile verhängen könnten, wäre die gesetzliche Einweisung in jenes Veraltetsein, in dem das betreffende Gesetz selber sich dahinfristet. Tatsächlich geht man eben dieses Risiko vor jedem anderen ein: daß man mehr noch als durch die Gesellschaft der großen Kritiker in der Vergangenheit, die alles längst gesagt haben, durch die ihres Gegenstandes in der Gegenwart verurteilt ist zum Veraltetsein; daß man selbst angezogen und eingesogen wird von dem endlosen Tod, den er, der sterbend immer noch mächtige Gegenstand, zuletzt auch selbst noch mächtiger einbekennt, als alle Reden es könnten. Absurd genug: man nimmt teil an seinem Ende, so oder so: mitfühlend – und erst recht da, wo man darum wirbt, das Mitgefühl mit ihm doch endlich aufzugeben.

Er, der Gegenstand – sie l'Infâme – es, das Monstrum –: die Christliche Kirche stellt vielleicht das einzige Phänomen in der Geschichte dar, über das die Zeit, die über sie hinwegging, spurlos hinweggegangen ist. Für sie haben die Denker der Welt nicht gedacht, die Forscher nicht geforscht, die aus dem Dunkel ins

Helle Strebenden nicht gestrebt: so unbeirrt von aller der Finsternis abgerungenen Erkenntnis ist sie ihrer Finsternis treu geblieben, daß es schon wieder imposant ist in seiner Konsequenz, vergleichslos, wirklich einzig. Nun soll man, was die Menschheit mit ihrer Zeit anfängt, gewiß nicht überschätzen: der Fortschritt kommt vom Schreiten, was eine langsame Tätigkeit ist, während der Weltlauf es immer eiliger hat; da gelten verschiedene Maße. Aber inmitten des tollen Trubels, den der Begriff ›Christliches Abendland‹ umschließt und der in der Weltgeschichte ein wesentlich stärkeres Stück darstellt, als man gemeinhin meint, hat es ja doch eine gewisse Anzahl von kleinen, vorsichtigen, geraden Schritten nach vorn gegeben, fort vom chaotischen Ursprung, weg von dem Tohuwabohu, über dem der Geist Gottes schwebte: – hat sie nicht doch vielleicht daran teilgenommen, ist mitgeschritten, schleppend hinterher meinethalben, und wider-strebend ächzend, aber doch? Man blickt zurück und blickt sich um, und man wird ganz ratlos auf der Suche nach einer noch so geringen Bewegung zwischen ihren Zeiten. Ist zwischen der berüchtigten Bulle *Summis desiderantes* und den Exorzismen unserer Tage denn reinweg gar nichts geschehen? Nichts zwischen der berüchtigten Modernisten-Enzyklika *Pascendi Dominici gregis* und der verächtlichen Frage des Kirchenautors Lactantius, »welche Seligkeit« er zu erwarten habe, wenn er »die Faseleien der Physiker über den Himmel« kenne, – oder der Lehrmeinung des Kirchenvaters Augustinus, der die gesamte Welterforschung als »eitle Wißbegierde« zu unterdrücken empfahl? Hat nicht die *obscoena cupiditas*, als die dem Papst Siricius im 4. Jahrhundert die Ehe erschien, mehr Anteil an der erhabenen Gedankenschwäche von *Humanae vitae* als alle Erkenntnis unseres Jahrhunderts? Höchstens die Wortwahl hat sich gewandelt – gegenüber früheren Zeiten der Gegenwart, wo die Päpste einen enzyklischen Stil schrieben, dem man nicht im Dunkeln begegnen mochte. Aber kein noch so blasser Hauch des Welt-Geistes hat diese monströse Erscheinung wirklich unterbrechen können: so unverspürend unberührt davon ist sie geblieben, als hätte sie es auf den Beweis angelegt, daß tausend Jahre wirklich vor ihr wie der Tag seien, der gestern vergangen ist, und wie eine Nachtwache. Sie geht nun schon auf ihren 2000. Geburtstag zu, und was immer bis dahin noch geschehen mag, sie wird ihn jedenfalls in voller ungeistiger Frische begehen, geblieben was sie war, gewesen was sie ist, und die Welt, die sie wie durch ein Wunder überlebt hat, wird sich geschlossen zur Gratulation einfinden, überwältigt von soviel naturgesetzwidriger Beständigkeit. Sogar die eitel wißbegierige Wissenschaft wird unter den Gratulanten sein und bei der Gelegenheit gern über ein paar Sprachregelungen mit sich reden lassen: – daß Einstein hin und wieder das Wort ›Gott‹ in den Mund nahm, ist ja schon eine gute Basis, auch wenn er sonst den Laktanz nicht genügend berücksichtigt hat; und seit bei den Naturwissenschaften neuerdings immer weniger Ketzerei als vielmehr meist eine Bombe herauskommt, ist sogar die Aussicht auf den direkten Segen der Jubilantin gewachsen –:

man braucht bei ihr, um ihre Geschichte zu prophezeien, wirklich nur ein gutes Gedächtnis für die Geschichte.

Man braucht nichts nötiger als dies, um ihre Gegenwart zu würdigen: Gedächtnis, Erinnerung an die beiden langen Tage, die erst gestern vergangen sind und vorgestern. Und da prallt man denn alsbald auf das eine zentrale Defizit der Menschennatur, dem deren gesamte Übelstände vorab ihre Dauer verdanken: ihr Erinnerungsvermögen ist schlecht. Es ist klein, es ist kurz; es ist sozusagen der natürliche Verbündete ihrer Übelstände, und wer seinem Kopf die Fähigkeit zu erwerben sucht, außerhalb seiner begrenzten Zeit, in geschichtlichen, ja in übergeschichtlichen Zusammenhängen zu denken, verstößt gegen ein Naturgesetz selbst: – das spürt er an der Schwierigkeit nicht nur, die es macht, an der sperrigen, oftmals wahrhaftig atemberaubenden Mühsal, die es ihm abverlangt, sondern das bekommt er spätestens aus dem Echo zu spüren, das seinem Denken zuverlässig antwortet. Die zeitlose Beschaffenheit der Menschenart, die mit tauben Sinnen über dem Tag und seiner Plage hockt und selbst kleinste Zusammenhänge nicht zuwege bringt, wenn ihr nur ein paar Tage und Plagen dazwischenkommen, – diese auf die Unvererbbarkeit der Erfahrung gegründete Dauer im Wechsel, diese unveränderliche, nur in ihren Verdeckungen und Verdrängungen freigelassene biologische Konstitution –: ist die unveränderte Kirche, die immer noch Gegenwart hat, am Ende mit der Natur selbst im Bunde? Sie weiß jedenfalls, was sie daran hat; sie hat aus ihrer gelehrten Definition, daß Der Mensch böse sei von Jugend auf, viel praktischen Nutzen gezogen, und von allen seinen Schlechtigkeiten ist ihr die seines Gedächtnisses bei der Gestaltung ihres Benehmens auf dem Planeten immer zugute gekommen. Sie lebt davon, weil die Menschheit davon lebt – und, vielleicht, ja gar nicht anders leben kann, nachdem das Gegenteil ihr sonst täglich den Tag zum Grauen machen müßte. Daher denn auch das Riesengeschrei, das sie erhebt, als wolle man ihr ans Leben, wenn man ihr bloß an die Akten ihrer Geschichte will: – das ist gar keine kleine Ironie, die sich da kondensiert: hat sie die Greuel gegen das Denken, die sie beging, gegen die in und über der Geschichte Denkenden, zuletzt gar im Stande der berechtigten Notwehr begangen? Die Notwendigkeit, vor allem dem schlechten Gedächtnis der Menschheit ab- und aufzuhelfen, wäre groß; es ist vielleicht die größte Notwendigkeit überhaupt, die der korrekturbedürftige Weltlauf zu erkennen gibt; es ist der Anfang aller Philanthropie so sehr wie das Staunen jener der Philosophie. Die Hoffnung freilich, ihm wirksam ab- und aufhelfen zu können, bleibt utopisch wie alle Hoffnung: ein schön gedachtes Wunschgebild, dem sich die schlechte Wirklichkeit nicht gefügig zeigt. Doch selbst wenn die Natur und ihre Verbündete nicht dagegen wären (man muß ja, dem Schöpfer, der zu früh geruht hat, nachzuhelfen, sehr vieles trotzdem machen): welche Absurdität von Arbeit! Es ist schlechthin zu spät; es geht längst über Menschheitskraft, das alles zu referieren, was die Menschheit vergessen hat. Die Furcht der

Verbündeten vor den Gedächtnisübungen der Aufklärung ist denn auch praktisch unbegründet: sie dürfte ruhig ein bißchen mehr Vertrauen zur Indolenz der Menschheit haben, speziell der ihr anhängenden Prozente. Es ist Verlaß darauf wie auf nichts sonst. Werden doch auch die Reden des Führers Hitler längst wieder allen Ohren inseriert, ohne daß eine erneute Möglichkeit des Führers Hitler damit unmöglich gemacht oder auch nur beeinträchtigt wäre: – ich rechne fest damit, daß er noch zu meinen Lebzeiten in den Lexika schlicht als »deutscher Staatsmann« geführt werden wird – wie Innozenz III. als »Papst«. Die Hoffnung, gar die tätige, wird einem wahrhaftig nicht leicht gemacht. Schon der Anfang aller Philanthropie könnte unschwer an der Philanthropie selber scheitern: an dem Bedenken, das ganze Elend, das man sich in die Seele bringt, wenn man sich seine Geschichte in den Kopf bringt, auch anderen zu bereiten. Vielleicht ist sie ja gar nicht lebensfähig, die vergeßliche Menschheit, ohne ihre Vergeßlichkeit; es will zumindest erwogen sein. Vielleicht braucht sie, braucht man die hermetische Abschirmung gegen die Erkenntnis zuletzt zum Leben selbst, das man, vielleicht, ja auch nur erträgt, weil man nichts Besseres gewohnt ist? Man kann die Sophistik im Kontext mit der Kirche sehr weit treiben: Müßte man sich gar von ihr sagen lassen, daß eine Hoffnung, die sich selbst als Illusion erkennt, schlecht tauge, eine Illusion zu besiegen? Sie hat das Menschenglück gewiß nicht ohne Gründe seit eh und je ins Jenseits befördert, und einige ihrer Gründe waren tief gedacht, das wollen wir nicht leugnen: im innersten Kern ist das Christentum eine Religion des Pessimismus und partizipiert noch in seinen verzerrtesten Auslegungen an dessen Wahrheit. Sie ist seine einzige: es hat sie vielleicht darum mit einer so grauenhaften Aktivität ausgebaut, ihr nachgeholfen, sie mit immer neu hergestellten Beweisen ausgestattet, weil seine Erlösungsphantasie, das antithetische, komplementäre Transzendente Sein anders verlockend und wahrscheinlich zu machen nicht war. Die Nachhilfe für das Menschenunglück im Diesseits, die unablässige Förderung der Geistesarmut um der Seligkeit willen: es ist ein Schauspiel, wie die Erdgeschichte kein zweites hat, gerade als Perversion einer Wahrheit. Und nie auch ist eine Perversion vollendeter gelungen, gelungener zur vollendeten Tatsache gemacht worden als diese; ihre Größenordnung könnte einem wirklich sämtliche Reden verschlagen. Vielleicht ist sie ja längst unwiderruflich, diese vollendet gemachte Tatsache; wir wollen den Anteil des Machers Kirche am Gegenwartsstatus der Menschenkonstitution nicht geringschätzen. Er hat wirklich so etwas wie Schöpferarbeit verrichtet und ruht vertrauensvoll auf seinem großen Siehe! aus. Man wird noch lange unverändert sehen, was er angerichtet hat. Freilich, daß er's angerichtet hat und wie: die Menschheit mit dem schlechten Gedächtnis, die ihren Status für Natur hält und weniger in Frage stellt und in Zweifel zieht als je, erinnert sich nicht. Sie ist anerkannt geistig behindert (»von schwacher Intelligenz«, sagte Freud, »von ihren Triebwünschen beherrscht«); man kann ihr kaum die geringste Denkbewegung zumuten. Selbst die unabweisbare Erfahrung, daß Gebetsbemühungen, wie die Kirche sie ihr zur Verbesserung des Pessimum empfiehlt, ja doch in der Regel resultatlos verlaufen, verdichtet sich den Betern nicht zu dem Entschluß, wenigstens einmal nach der Herkunft ihrer Gewohnheit zu fragen. Sie erkennen, etwa, die aberwitzigen Reden des Kardinals Spellman *(omen de nomine)* in Vietnam nicht als Kardinalstradition – und die aberwitzigen Reden christlicher Politiker nicht als deren Derivat. Sie erinnern sich nicht, wie oft und zu welchen Zwecken schon so geredet worden ist. Sie hören und sehen, wie sich Leute, die schon durch ihre Kleidung ihre Verbundenheit mit dem Mittelalter anzeigen, in einer Weise an den Weltproblemen zu schaffen machen, daß sich einem neutralen Beobachter der Eindruck eines üblen Ulks aufdrängen müßte, und Hören und Sehen vergeht ihnen nicht. Sind sie keine neutralen Beobachter mehr? Es ist schlechterdings beängstigend. Nicht nur daß ihnen, wie Lichtenberg sagte, jede neue Torheit in neuem Lichte erscheint, – auch jede alte erscheint ihnen immerzu neu und in neuem Licht, frisch wie am lange vergangenen ersten Tag. Man soll das nicht unterschätzen: Das defizitäre Geschichtsbewußtsein der Menschenart ist nur das Widerbild ihres defizitären Zukunftsbewußtseins, der Unfähigkeit, jenseits des Tags zu denken –: das macht ihr Tagesverhalten so krank und irr und trägt dem Planeten täglich einen Ruin ein, von dem die ihn verursachenden Kranken nur wieder nicht sehen, daß er – als freilich kleineres Übel – der Ruin ihrer selber sein wird. Man soll das nicht unterschätzen: Der Zukunftsruin der Gesellschaft, der die Unfähigkeit ist, Zukunft zu denken, ist die Erbschaft der christlichen Zeitlosigkeit selbst und der christlichen Metaphysik: Prägebild der erstarrten Jenseits-Matrix, die in Undenkbarkeit ihren illusionären Charakter bekennt. Daß nie ein Zweifel war am guten Ende, das alles gutmacht, hat unmittelbar die Bedenkenlosigkeit geschaffen, alles schlecht zu machen; selbst die Zweifler noch gibt die Annahme des transzendenten Seins aus ihrer verderblichsten Folge nicht frei. Sie hat das Denken der Menschenart selbst verändert; sie hat, vielleicht, den *homo sapiens* selbst mutiert, und vor keiner Eigenart der abendländischen Ausbreitung haben die nichtchristlichen Völker mit größerer Ratlosigkeit gestanden als vor ihr und ihren eindeutigen Konsequenzen. Überblickt man, wie sich die christliche Kirche »die Erde untertan« gemacht hat, so treten in der Anamnese des von ihr verbreiteten Leidens selbst die Greuel ihrer epidemischen Gewalt-Tätigkeit zurück, die ihr behindert ist inzwischen, mühsam eingedämmt –: die Grundlehre selbst ist die Invariante im Phänomen ihrer wechselnd dauernden Geschichte, ihrer Vergangenheitsgegenwart und deren Untrennbarkeit. Sie sagt selbst: »Unsere Kirche«, sagen ›Die deutschen Bischöfe‹ in einer Postwurfsendung, »hat im Zweiten Vatikanischen Konzil auf Weltebene ... ihre Bereitschaft zur eigenen Erneuerung bewiesen. Dabei hütete sie sich freilich davor, um im Bild zu sprechen, eine Kathedrale dadurch heller und geräumiger zu machen, daß sie deren tragende Pfeiler herausreißen ließ. Wer dies täte, würde nicht erneuern, sondern zerstören.« Daß man Mehr Licht braucht in ihrer Kathedrale, ahnt sie wohl; was ließe sich machen? Was bliebe wirksam herauszureißen, wenn man die Pfeiler verschont? Daß ihr die Humanität, um im Bild zu sprechen, nicht die bunten Fenster einschmeißen wird, dessen kann sie ziemlich sicher sein; es sind ja meist Kunstwerke. Was bliebe? Nur ein hellerer Anstrich, etwas neue weiße Tünche, – das wird sie sich leisten. Aber es leistet nichts. Nein, selbst sie selbst kann ihre Gegenwart nicht trennen von dem, was sie immer war.

Man soll das, nochmals, nicht unterschätzen, was sie aus der »eigenen Erneuerung« ausnimmt: Die Metaphysik der Kirche ist das große Zentralthema der Auseinandersetzung mit der Kirche, und ihre Analyse, die Erkenntnis ihrer Herkunft und der aus ihr herkommenden Mutationskraft, gehört – ich wage die umfassende Behauptung – unter die ersten Aufgaben einer Gesellschaft, die ihre Gegenwart überleben will. Sicher, die Kirche reformiert an sich herum, soweit es angeht, ohne ihre Kathedrale zu gefährden; nach jedem Desaster, an dem sie mitgewirkt hat, will sie anders geworden sein, besser, geläutert und gelichtet; das war schon immer so. Aber neben dem einen Nie-Erneuerten ist alles, was das Zweite Vatikanische Konzil auf Weltebene bewiesen hat, bloß schöner Schein und alles eitel: *vaticanitas vaticanitatum* ... Nun entspricht die eher gewachsene Verdrängung der Todesangst heute, die es in diesen Zusammenhängen immer wieder zu betrachten gilt, nur ihrer gewachsenen Berechtigung heute, und die Prognose ist gar nicht gut: nur ganz wenig Wahrscheinlichkeit hat die Hoffnung für sich, die Menschheit könnte auch durch allerriesigste Anstrengung eines therapeutischen Erkenntnisprozesses befähigt werden, den einen, alles tragenden Pfeiler zu entbehren, den die Eigentümer der dunklen Kathedrale nicht entbehren können. Sie macht sich zwar, verdrängend, kaum Gedanken über den Untergang der Welt, der wachsend viel Wahrscheinlichkeit für sich hat, gestattet aber ihren Wünschen unbesehen das Einvernehmen mit der großen Phantasie vom durch ein kompliziertes Erlösungsunternehmen wohnlich gemachten Jenseits – und in deren Umkreis mit Behauptungen, die ungeachtet ihres vergleichsweise liebenswürdigen Charakters auf Wahrheitsgehalt ja doch kaum Anspruch erheben können. Sie genügt den, nun freilich von Grund auf berechtigten, Trostinteressen der chaotischen Menschenexistenz, diese große Phantasie; dem hat das kleine Wahrheitsinteresse der chaotischen Menschenexistenz schon immer nachgegeben. Selbst das Jüngste Gericht, aus dessen Schrecken die Kirche stets, um wörtlich und im Bild zugleich zu sprechen, das größte Kapital geschlagen hat (und dessen Schrecklichstes mir selber schon als Kind, zu Beginn meines Nachdenkens über Gott und die Welt, nur die bedauerlich geringe Evidenz seines Eintreffens war), – selbst der Gedanke ans Jüngste Gericht fügt sich mit Leichtigkeit dem an die Gnade, aus deren bloßer Möglichkeit noch der letzte Gauner auf Erden einen zureichenden Grund ableitet, sie für sich in Anspruch zu nehmen, und auf deren Aussicht hin er vielleicht bedenkenloser gaunert auf Erden, als er's unter anderen Grundumständen seines Denkens täte. Das Ganze ist vollendet irrational: eine psychogene Wahnkrankheit, in der sich dem allmächtigen Todestabu der Seele eine Rationalisierung verbündet, die das Realitätsprinzip restlos überwältigt. Die Prognose ist gar nicht gut: kann man wirklich damit rechnen, daß die Gegenwartsmenschheit, die Erbin der langen Kirchenvergangenheit, noch in diesem so anschaulichen Jahrhundert der Barbarei befähigt sein werde, den Geistlichen, der von seiner Kanzel lauthals »Tod, wo ist dein Stachel?!« ruft, als Verrückten zu erkennen, als Wahnkranken, für den Mitleid und Scheu zuständig sind – aber doch nicht die Verehrung? Die Kirche leugnet das Ende ja nicht; im Gegenteil, sie hat das Ende mit Schrecken einkalkuliert, lange bevor die Menschheit sich die Möglichkeit erwarb, es selber zu bewirken. Aber sie ist unerschütterlich: sie rechnet fest damit, daß, wenn dermaleinst Bau-Steine-Erden zerfallen, der Fels, auf dem sie selber steht, doch haltbar bleibt. Sie ist unerschütterlich: hat sie die Möglichkeit, Elend zu bewirken und Ende mit Schrecken, darum stets so unerschüttert wahrgenommen? Das tröstende Jenseits meta ta physika –: dabei ist ihre Theologie in diesem Punkt ja durchaus wortkarg, weil jenes alte »groß wüst Buch«, aus dem sie ihr gesamtes Weltbild deduziert, sehr wortkarg darin ist: – darauf hat sie schon Heine aufmerksam gemacht und vermutet, es sei »Gott vielleicht gar nicht recht, daß die Frommen die Fortdauer so fest annehmen«; »in seiner väterlichen Güte« wolle Er uns »vielleicht eine Surprise damit machen.« Was immer uns auch an Überraschungen bevorsteht, es mehren sich jedenfalls die Gründe dafür, daß diese eine, alles ausgleichende nicht mehr so fest angenommen werden sollte; es ist zu riskant geworden, das Diesseits auf ihren Kredit hin noch länger gehn zu lassen, wie's Gott gefällt. Dies alles wird hier nur gestreift, flüchtig und mit relativ leichter Hand; die aufgegebene Analyse kann weder in einem einzelnen Text noch in einem einzelnen Buch geleistet werden. Aber sie bleibt die zentrale Pflicht, der Mittelpunkt der Erinnerungsarbeit, die zu leisten ist. Das Jenseits gehört zu den Agnosta, ja, sicher; keine der Wissenschaften kann es der Kirche widerlegen, und dies erfreut die Kirche sehr: sie läßt kaum eine Gelegenheit aus, die Wissenschaften zur Bescheidenheit zu mahnen, grad heute, wo diese die Pflicht, vor allem die Kirche zu erfreuen, nicht mehr zu ihren Aufgaben rechnen müssen. Aber sie können gemeinsam nachschauen, woher sie es hat, dieses folgenreiche Jenseits: – davor treten, wie gesagt, selbst ihre Gewalttätigkeiten zurück, und das will wahrhaftig viel heißen. Denn auch was es da zu erinnern gäbe, geht fast schon über Menschheitskraft: Niemand auf Erden hat je so mit den Wölfen auf Erden geheult wie diese Wölfe. Das ist ihr ebenfalls schon zum Gewohnheitsrecht gediehen – in einem Ausmaß, daß man fast irritiert wird, wenn man von irgendeiner größeren Greueltat auf Erden erfährt, an der sich keine Mitwirkung religiöser Vorstellungen feststellen läßt. Gewalttätigkeiten: auch die nachschauende Wissenschaft hat sie freilich zu spüren bekommen, und ihre Geschichte in der Kirchengeschichte gäbe ein weiteres, sehr umfangreiches Buch, das zu schreiben wäre. Man muß da gar nicht bis zu Laktanz zurückgehen oder zu Ambrosius und Augustin mit ihrer aus der Genesis gewonnenen Geogenese, gar nicht zu christlichen Titular-Wissenschaftlern wie Cosmas, dem sich das Universum als länglicher, nach dem Muster der Bundeslade gestalteter Kasten darstellte, und ihren methodischen Nachfolgern quer durch die Zeiten, wie dem Hebraisten John Lightfoot im 17. Jahrhundert, der als Schöpfungstermin des Menschen durch die Trinität exakt den »23. Oktober 4004 v. Chr. um 9 Uhr morgens« zu ermitteln wußte. Man braucht nur ein bißchen Gedächtnis für die Geschichte, die sich mit den immer noch leuchtenden Namen Coppernicus, Bruno, Galilei verbindet –: wie lange haben ihre Erkenntnisse, Pfeiler in der Kathedrale der Welterkenntnis überhaupt, gebraucht, um von der Kirche nicht mehr befeindet und unterdrückt zu werden? Bis ins vorige Jahrhundert standen die Bücher über die Doppelbewegung der Erde unter dem Bann des Heiligen Offiziums – *donec corrigantur*; erst 1835 sind sie stillschweigend vom Index verschwunden, und die offizielle Revision des fürchterlichen Irrtums hat bis nach dem zweiten Weltkrieg warten müssen, auf jenes Zweite Vatikanische Konzil, in dem Unsere Kirche auf Weltebene ihre Bereitschaft zur eigenen Erneuerung bewies. Was das Erste Vatikanische Konzil in die Welt gesetzt hatte, u.a. das Dogma von der Unfehlbarkeit des Papstes, 1870, wurde nicht erneuert: –

auch jenen Pius IX., dem die Welt es verdankt, muß man sich ins Gedächtnis rufen, um den sonst schwer faßbaren Begriff der zeitlosen Kirche einigermaßen zu fassen: die Kometen etwa, die schon Seneca als gesetzmäßig auftretende Naturerscheinungen zu begreifen wußte, erschienen ihm als eigens auf den Weg gebrachte Annoncen des göttlichen Zorns, und was er, der Entdecker der Unbefleckten Empfängnis, gegen die Entdeckung Darwins vorzubringen hatte, läßt sich schon fast erraten: – selbst im Vatikan gelingt nicht jedem Gedanken der Nachweis seiner Herkunft aus dem Neanderthal mit so unbefangener Leichtigkeit. Man gerät im Nu vom Hundertsten ins Tausendste, wenn man zurückblickt: kein Aberwitz auf Erden, den die Kirche nicht für sich reklamiert, keine Erkenntnis von Wahrheit, die sie nicht bekämpft hätte – ›bis aufs Blut‹ zumeist; man könnte wirklich tiefsinnig werden über der Frage, in welches Jahrhundert sie eigentlich ihrem Wesen nach gehört. Unbewegt behauptet sie sich weiter auf der sich doch bewegenden Erde, ohne je einen anderen Beweis für sich angeboten zu haben als die Unterdrückung aller Gegenbeweise. Müßte, daß sie nie anderes als Angst hatte vor dem wachsenden Wissen, nicht schon der erste aller Gegenbeweise sein? Verliert ihr Glaube, ihre Metaphysik, die nicht etwa von der Physik nur überraschenderweise gefährdet wurde, sondern die von vornherein darauf rechnete, daß jede Physik sie zwangsläufig gefährden werde, am Ende sogar die *bona fides*? Kommt am Ende, bei einer von der bloßen Logik geführten Untersuchung, gar noch heraus, daß das gigantische Delikt der Kirche ein Betrugsdelikt war und ist, mit Vorsatz und voller Tateinsicht? Ihre ganze Wissenschaftsfeindlichkeit gehört hierher, über die schon Nietzsche Wichtiges und Mächtiges gesagt hat –: ob *Spondent pariter* gegen die Chemie oder das IV. Lateranum gegen die Chirurgie, es geht alles in einem. Sie hat, um sich selber glauben zu können, grundsätzlich nichts wissen dürfen; sie hat, was sie sich an Wissen nicht mehr verheimlichen konnte, nie auf seine Wahrheit, sondern immer nur auf Übereinstimmbarkeit mit ihren Glaubensquellen hin geprüft: – sie hat den Begriff Wahrheit selbst korrumpiert und pervertiert. Nicht der bloße Irrtum, auf den selbst sie, die Unfehlbare, ein unbegrenztes Anrecht hätte, ist die Katastrophe, sondern das System des Irrtums, der Wahnsinn mit Methode – welcher Methode? Da muß man nun doch quer durch die Jahrhunderträume zurück, bis hin zu jenem klotzigen Satz des Heiligen Augustin, der seine Gültigkeit in der dunklen Kathedrale nie verloren hat: *Major est Scripturae auctoritas quam omnis humani ingenii capacitas!* Darum mußten die Schüler des Coppernicus noch um den Leichnam ihres Lehrers Angst haben, so daß sie nicht wagen konnten, seine große Wahrheitsentdeckung auch nur auf seinem Grabstein zu erwähnen: weil diese Entdekkung nicht mit den Vorstellungen der althebräischen Poesie übereinstimmte! Darum wurden den Frauen die von der Medizin gefundenen Gebärerleichterungen verweigert: weil der poetische Gott sie in Schmerzen gebären sehen wollte: – hören wir auf damit. Es ist schlechterdings unglaubwürdig – in jedem Sinn des

Wortes. Die Autorität der Schrift: – höchstens das wäre noch eine lohnende Gedächtnisaufgabe: nachzuschauen, wie sie selber, die Kirche, mit dieser Autorität umgegangen ist, von der Aufstellung des Kanons bis heute. Denn selbst ihre ureigenste Kapazität, jener Teil der Theologie, der immerhin Wissenschaft sein mag, hat sich bis heute dem fügen müssen, was hinter ihren Scripturen steht und keine Wissenschaft verträgt: Noch 1897 wurde das berüchtigte *Comma Johanneum* von der Inquisition für echt erklärt; noch in diesem Jahrhundert, 1907, erklärte die päpstliche Bibelkommission das vierte Evangelium für unzweifelhaft vom Jünger Johannes verfaßt; 1908 leugnete sie die Doppelverfasserschaft des Jesaias-Buchs, 1909 die mythologischen Fremdquellen am Anfang der Genesis. Betrügt die Kirche, vorsätzlich und in voller Tateinsicht, am Ende auch sich selbst? Es ist alles möglich; hören wir auf. Neugierig bin ich nur, wie ihr Konflikt mit der Psychoanalyse ausgehen wird. Noch läßt es sich nicht absehen: sie ist vorsichtig, verhält sich abwartend, und die Forschung lohnt es ihr mit Zurückhaltung: – seit Freuds ›Zukunft‹, der im Titel dieses Buches Reverenz erwiesen wird, hat sie das Thema kaum wieder angefaßt. Sie kennt zwar inzwischen den »religiösen Wahn« als festen technischen Terminus, besteht aber nicht darauf, seine Tautologie zu klären; ja, sie widerspricht nicht einmal, wenn ihre Therapie geschwind mit der kirchlichen »Seelsorge« in Verbindung gebracht wird: – sind nicht beide fast Schwestern? Wahrhaftigen Gotts nun nicht, – und wenn die Psychoanalyse einmal wirklich ernst macht und die Verwandtschaft überprüft, wird es eine Überraschung geben. Denn keine Wissenschaft ist der Kirchen-Metaphysik bislang so gefährlich geworden wie die Freuds, der die Transzendenzbilder der Menschheit als virtuell erkannte, als Konstitute ihrer bloßen Wünsche, und sie allesamt in den Bezirk der Metapsychologie verwies. Das Verständnis der Gottesverehrung und ihrer Eigentümlichkeiten als eines zwangsneurotisch zeremonialisierten Übertragungsprozesses hat freilich zugleich auch die erste greifbare Aussicht auf eine therapeutische Beeinflussung eröffnet: – vielleicht ist das Frömmigkeitssyndrom ja doch reversibel. Aber es wird dauern, kürzestenfalls Generationen lang, bis die Über-Ich-Kette, durch die man dieses seltsame Gut ererbt von seinen Vätern hat und von seinen Müttern, wirksam gesprengt und unterbrochen ist. Einstweilen rütteln nur die Einzelnen daran, und in nur zu gut erklärlicher Ohnmacht; die Wissenschaft, die zur systematischen Hilfe berufen wäre, übt sich in Diskretion. Man hat bisweilen sogar den Eindruck, als hätte sie sich auf ein gegenseitiges Stillhalteabkommen eingelassen: – vielleicht ist sie, in redlicher Ausschöpfung aller Zweifelsmöglichkeiten, ihrer Sache noch nicht so sicher, wie es sein müßte; vielleicht auch ist sie einfach noch zu verdutzt, daß sie nicht mehr auf die Scheiterhaufen muß oder zwecks Beweisaufnahme zur *Territio realis* gebeten wird. Auch die heutige Gesellschaftskritik scheint dem Stillhalteabkommen beigetreten zu sein ... sie macht mir sowieso ein bißchen Sorge, diese heutige Gesellschaftskritik, deren konzedierbare Dummheiten eine

Spur zu sehr an Überzeugung grenzen und die ihren rührend enthusiastischen Glauben an die Veränderlichkeit der Menschenart mit dem fatalen Anblick verbindet, daß ihre Banalvertreter kaum anders auf die MEW pochen als die Theologen auf die Heilige Schrift: – *scriptura major quam omnis capacitas?* Wir werden abwarten, wie's ausgeht; man muß in diesen Dingen ohnehin eine Geduld haben, die den Zeitmaßen des 90. Psalms in nichts nachsteht. Daß es aber nur auf eine Art ausgehen kann, wenn die Wissenschaft die Statik der Kathedralpfeiler überprüft, steht jetzt schon fester als diese. Eines Tages wird es auch dem letzten Erbsünder auffallen, wie jede, aber auch jede gesicherte Entdeckung eine kirchliche Annahme mehr widerlegt: noch keine Lehre auf Erden hat so wenige Bestätigungen durch die exakte Erkenntnis erfahren wie die christliche. Sie hat sich schauderhaft geirrt, jetzt und immerdar, und immer nach dem gleichen System –: ist es zulässig, ihr auf den Rest ihrer vom gleichen System produzierten Behauptungen, der von der direkten Widerlegung noch nicht betroffen wurde, auch nur noch den geringsten Wahrheitskredit zu gewähren? Die Wissenschaften müßten ja der Metaphysik nicht gefährlich sein, und ihre Redlichkeit wird für die schweigende Verehrung des Unerforschlichen immer Platz haben. Aber für diese Metaphysik mit ihrem der Bundeslade abgeguckten Weltbild und ihrer Vorstellung von den leiblich gen Himmel gefahrenen Familienangehörigen der Trinität (noch in unserer Gegenwart dogmatisiert), – für diese Metaphysik wird eines Tages, doch und doch, kein

Platz mehr sein in der Verehrung der Menschheit. Eines Tages, vielleicht erst jenseits des Weltendes; dort aber um so sicherer. Es wird jedenfalls der Tag sein, an dem die Gegenwart erstmals ohne Gedächtnisschwund von ihrer Vergangenheit freikommt.

Einstweilen sind wir noch nicht so weit. Einstweilen scheint die Zeit noch stillzustehen in der Gegenwart der christlichen Kirche, und man kann vielleicht, wahrscheinlich, sicher gar nichts tun: man hört und sieht sie vor sich hinleben wie eh und je; man hat lange zurückgeblickt, um zu sehen, wie sie war, und hätte sich doch nur umblicken müssen, um zu sehen, wie sie war; man bekommt es manchmal geradezu mit der Angst zu tun beim Studium ihrer Geschichte, wenn man auf einmal wieder etwas findet, was morgen noch sein wird. Sie ist keine Kleinigkeit, diese Angst; es gibt kein Gedächtnis ohne sie: – O ihr Großgläubigen, warum seid ihr so furchtlos? Bei manchen Sachen mag man gar nicht mehr nachsehen, ob es sie immer noch gibt; man hofft aufs Gegenteil und läßt zu, daß sie ins Historische absinken und in die Vergessenheit. Ins Anekdotische fast: – es gibt viele Mittel, die Leiden der Erinnerung zu lindern. Noch im vorigen Jahrhundert war in Lexika anekdotisch etwa vom Kastratenchor bei der Kapelle der Santa Casa in Loreto (die wieder eine Geschichte für sich ist) zu lesen: – nun ist die Kirche *iure canonico* zwar gegen die Kastration und schreibt ihren Klerikern die körperliche Komplettität als Amtsbedingung vor; sie ist aber zugleich auch für schöne dauerhafte Sopranstimmen – und findet ohnehin ja die Benutzung der diese behindernden

Organe entbehrlich: – wie hat sie's übereingebracht? Indem sie Sopran singen ließ und die singenden Kleriker lediglich verpflichtete, die ihnen genommenen Organe stets in einer Schachtel bei sich zu tragen, damit dem Gesetz Genüge geschehe. Die Menschheit, die das las und liest, gruselt sich möglicherweise; aber es rührt ja auch an archaische Befürchtungen der Seele, und so verdrängt sich's mit ihnen rasch, per Anekdotisierung. Tatsache ist freilich, daß noch im 18. Jahrhundert in Italien, hauptsächlich im Kirchenstaat, mehr als 4000 Knaben jährlich kastriert wurden, zu Kirchenverwendungszwecken: – graut ihr, der verdrängenden Menschheit, vor den Tatsachen so tausendfach verschnittenen Lebens? Ich weiß nicht, wie es heute ist, und will's auch gar nicht wissen; ich finde so schon Grauen genug. Sicher hat die Kirche das Rechtsdilemma inzwischen gelöst – durch Tilgung der Komplettitätsvorschrift, könnte ich mir denken, die ja auch unter dem Aspekt des Zölibats reiner Luxus ist: – das wichtigste Organ des Heiligen Vaters ist jedenfalls inzwischen, wie ich kürzlich las, der Osservatore Romano. Man kann nicht alles sagen, was zu sagen wäre; man muß sich damit helfen, manchmal ein einzelnes Ereignis Bände sprechen zu lassen. Hier Bände gleich über mehreres – z.B. auch über die Theologie. Über eine Spitzfindigkeit, gegen die die antike Sophistik eine blasse Bagatelle ist, ein bloßer selbstironischer Schabernack: – nie ist auf Erden das Abzeichen der Beschränktheit, der Glaube an den Buchstaben, mit solcher Ausdauer getragen worden. Mit tödlichen Folgen oft; heute zum Glück nur noch mit durch Lächerlichkeit tödlichen Folgen – und nur noch für die Träger. Auch die Scholastik hat ihre unverwelkte Gegenwart, zusammen mit dem, was sie auf ihrem Lebenslauf durch die Jahrhunderte an Korpulenz angesetzt hat, und die Gestalt dessen, was dabei herausgekommen ist, ähnelt täuschend der jener, die dabei herausgekommen sind: – was für ein Anblick! Diese joviale Bonhomie, die sich mit dem Weltgeist duzt und ihm täglich mit ihrem Plausch in den Ohren liegt, – diese fabrikantenhafte Betriebsamkeit, die ihre längst trübe Quelle unablässig neu auf Flaschen füllt, um sie unablässig neu an den Menschen zu bringen, – diese Art Menschentum überhaupt, die es fertiggebracht hat, wie ein permanenter Aschermittwoch auszusehen und wie die leibhaftige Charakterpanzerung, – wie, das sollte die Repräsentanz der Gottesgelahrtheit sein? Karlheinz Deschner hat sich den Scherz erlaubt, den Zungenschlag der Theologie, die weder mit Menschen- noch mit Engelszungen redet, zu parodieren; es ist aber eine ganz ernste Sache: Wie, dieses hölzerne Getüftel, diese unablässig auf ihrem bißchen Standpunkt herumtretenden pappig plappernden Klischees, dieses von Jahrhunderten vollgestaubte Immergrau aus aleatorisch gereihten Phrasen, diese ihr Leben lang auf dem Bauch gehende und Erden fressende Linguistik der Metaphysik, die der Liebe weniger hat als ein Erläuterungsbogen zur Umsatzsteuer, – das alles will uns die Lehre von der Nächstenliebe darstellen? Das alles wäre alles, was bei 2000 Jahren Befassung mit dem Unerforschlichen herausgekommen ist? Gäbe es, wie sie's sich selber

2000 Jahre lang gewünscht hat, die Theologie als einziges Resultat des Geistes auf Erden, wahrhaftig, man müßte sich fragen, ob – was selbst Sprichwörtern selten passiert – an der Formel, daß der Mensch denke und Gott lenke, nicht beide Positionen falsch sind. Alles ist falsch an dieser Theologie, gelinde gesagt, und das ist eine ernste Sache: – daß sich im Vatikan, wo sie gemacht wird, tagtäglich die Balken biegen müssen, erfüllt mich keineswegs nur als Kunstfreund mit brennender Sorge. Es geht von dieser Falschheit ein Lebensrisiko aus, das bis zu den Enden der Erde reicht, und ihm das Mundwerk zu legen, wäre, so gegen Ende der Erde, wahrlich ein Werk der Nächstenfreundlichkeit selbst. Nun könnte man sich ja darauf beschränken, diese Theologie, die sich doch hör- und sichtbar, sooft sie den Mund auftut, um Kopf und Kragen redet, einfach nur nicht zu unterbrechen. Sie gesteht einem ja in einem fort, was sie war und ist und tat und tut; sie hat sich so lange Zeiten lang nicht in acht nehmen müssen, daß sie unbedenklich alles hervorsprudelt, was gegen sie verwendet werden könnte: – vor dem bloßen Zitat noch müßte jede Parodie, die der Deutlichkeit sonst oft zuträglich ist, schlicht erblassen. Der Deutlichkeit abträglich ist nur, daß das Zitierbare unmittelbar kaum noch aus dem Ghetto herausdringt, in dem es sich selbst verbarrikadiert hat: die Theologensprache ist heute der Inbegriff einer Ghettosprache schlechthin; man versteht sie gar nicht mehr; kein Mensch versteht sie mehr außer den ehemaligen Menschen, denen sie eigens beigebracht worden ist. Diese fortbestehende

Ehemaligkeit wäre vorab zutage zu bringen, wo man die Gegenwart der ganzen großen Illusion sichtbar machen wollte, und die Theologie hat gewiß die besten Gründe, sich in der Öffentlichkeit neben der Philosophie nur noch auf den Fakultätslisten sehen zu lassen. Sie, die jeden Pfarrer lehren kann, zeigt sich in ihren Pfarrern nur noch indirekt, und wenn von ihnen einer peinlich auffällt, weil er sie zu echt dargestellt hat, so kann man meist gar nicht mehr sehen, woher die Peinlichkeit kommt, und hält ihn arglos für eine Fehlbesetzung. Dabei liegt die Fehlbesetzung, im Gegenteil, eben da vor, wo sich die Darsteller der Theologie nur wie vergleichsweise kleine Schwindler ausnehmen, fast liebenswürdig in ihrem Enthusiasmus und in der zierlichen Anmut, mit der sie ihre faustdicken Mitteilungen vortragen. Immerhin dringen durch sie aber noch immer Mitteilungen aus dem Ghetto heraus, die an Deutlichkeit nichts zu wünschen übrig lassen: sie sind sogar schwarz auf Weiß zu haben, und niemand, der nicht grundsätzlich Augen und Ohren zusperrt, kann sich auf völlige Ahnungslosigkeit herausreden. Man hört und sieht sie dauernd reden, die verbarrikadierte Theologie, durch die Schießscharten ihrer kurialen Enzykliken, ihrer Hirtenbriefe, ihrer ›Stellungnahmen‹ überhaupt: ein tägliches Gesumm und Gebrumm, bei dem die Menschheit schließlich ihr eigenes Wort nicht mehr versteht. Welche Abundanzen der Nichtigkeit! Hätte man den Geruch nicht, der von ihrem Ghettostil ausgeht, man könnte sie vom bloßen Wind nicht unterscheiden. Das geht in gerader Linie abwärts bis hinunter zur Erbauungs-Literatur, die in ihren Kirchen aufgeschüttet liegt; ihr Geruch ist gar nicht anders, er ist nur deutlicher. Wovon reden sie überhaupt? »Vom immerwährenden Liebesakt. In den dreißiger Jahren machte der Herr der opferbereiten Kapuzinerin Consolata Betrone (Oberitalien) ein großes Gnadenangebot. Er lehrte sie den Liebesakt.« Um ihres Himmels willen, wovon reden sie? »Dieser Liebesakt, so sagte ihr der Heiland, dient zur Vervollkommnung der eigenen Seele; er dient aber auch zur Rettung anderer Seelen, denn nur die Liebe hat rettende Macht, die Liebe zu Gott und die Liebe zu den Seelen. ›Bedenke‹, so belehrte der Heiland die staunende Schwester, ›ein Akt der Liebe kann über die ewige Seligkeit einer Seele entscheiden. Verliere keine Zeit! Jeder Liebesakt ist eine Seele!‹ Auch die liebe Gottesmutter ermunterte sie: ›Erst im Himmel wirst du den Wert und den Segen des Liebesaktes erkennen!‹« Dergleichen erscheint in Auflagen, gegen die unsere ganze philosophische Literatur ein Ladenhüter ist, und es erscheint mit »kirchlicher Druckerlaubnis«, auf die unsere ganze philosophische Literatur sehr lange warten könnte: – tut man etwa unrecht, dies Geringste pro toto sprechen zu lassen? Spricht nicht das Totum selber so und nicht anders? Man besuche das Ghetto und horche: – was ist das für eine Perspektive, die zu diesem quakenden Tonfall gehört? Was ist das für ein Geruch, der mit diesem Tonfall aufsteigt? Soll man denn partout mit der Nase auf den Schluß gestoßen werden, daß die berühmte Christenfreiheit am Ende bloß eine Variante der Narrenfreiheit sei? Sind das die *ptochoi to pneumati*, die auf die Seligkeit reflektieren und sich bei ihren darüber entscheidenden Liebesakten vor keine andere Wahl gestellt sehen als die zwischen den Positionen ›debil‹, ›imbezill‹ und ›vollidiotisch‹? Ich sage es ganz vorsichtig: Die Menschheit scheint, nach 2000 Jahren Erziehung, verlernt zu haben, auf Theologica und Verwandtes auch nur jene allerschlichtesten Vernünftigkeitskriterien anzuwenden, ohne die ihr kein noch so banales Geschäft ihres Alltags davonkommt. Sie scheint für selbstverständlich zu nehmen, daß Theologica und Verwandtes grundsätzlich von schwachem Sinngehalt sind und als Beweise für eine Gehirntätigkeit ihrer Verfasser nicht beigezogen werden können; sie nimmt in ihren Texten einen Grad von Gottverlassenheit hin, der ihr bei weltlichen, weniger von Gott handelnden Wortspielen unbedingt auffallen würde; sie hat nicht einmal mehr Neugier dafür übrig, was aus den Taschen käme, wenn man all diese mit Gott handelnden Wortspieler einer Geistesvisitation unterzöge: – nimmt sie vielleicht ›Gott‹ selbst in den Worten nicht mehr ernst? Wäre das der Theologie als letzte, hinterletzte Leistung gelungen: daß schließlich alles Menschendenken über die Physika hinaus um seinen Ernst gekommen ist? Man muß sich ansehen, wie das selbst auf sie zurückgeschlagen ist – er selbst, dieser umgekommene Ernst – und wie sie ihm Rechnung trägt. Man sehe sich um und sehe, etwa, den Pfarrer Sommerauer sitzen, den viel zu langjährigen Vertreter Gottes im ZDF, wie er sich Zeffirellis Jesus-Film anschaut: er ist nicht zufrieden, fühlt sich aber aus Gewohnheit berufen, auch hierzu Senf und Segen zu geben, und schreibt an das Blatt ›Bild und Funk‹, und das Blatt ›Bild und Funk‹, das sonst nur die Gemütszustände von Schlagerstars schildert, druckt seinen Zustand ab: »Der Anfang war nicht sehr überzeugend. Da wurde Jesus zu (!) stark verkitscht. Ein zeitgemäßer Jesus, der auch einmal lacht und auf die Pauke haut, der auch einmal einen zur Brust nimmt, wäre mir lieber gewesen. Die schaurigen Dinge waren zu grob dargestellt ...« Um seines Himmels willen, wovon redet er? Wovon reden die seinesgleichen, die sich an abgehende Abiturienten heranmachen und sich freuen würden, »Sie bei unserer Eucharistiefeier und beim anschließenden Frühschoppen begrüßen zu dürfen«? Reden sie nur so – oder sind sie nur noch so? Ich habe kistenweise um mich herumstehen, was sie reden und was sie sind: – sie sind so; nur die Wortwahl wechselt bei der Verdeutlichung dessen, was sie sind. Sie stellen sich den edlen Menschensohn vor, wie er einen zur Brust nimmt, als wäre er wirklich nach ihrem Bilde geschaffen, und schaffen sich selbst, wenn sie mit ihm umgehen, die anschließende Gelegenheit dazu. Ist das nur Rednerei –, nur das verschlagene Sich-Ranschmeißen an den Jargon des Bürgers, dem ein frecher Alltag die Sprache verödet hat? Ist es nicht der Ausweis ihrer unheilbaren Verödung selbst? Man höre sich um, wie sie reden; man sehe sich um, wie sie sind: – allen Ernstes, ich empfehle selbst die Anwendung der Physiognomik auf diese Redner ihres Seins; Denker, auch nur angebliche, sind für ihr Gesicht verantwortlich. Und da wollen wir nun gar nicht dabei verweilen, daß unter den Voraussetzungen, Kirchenfürst zu werden, als vorherrschende Bedingung Altersschwäche figuriert: das müßte ja, rein biologisch, nicht unbedingt mit dem Eindruck verbunden sein, daß Kirchenfürsten oberhalb ihres Mundwerks häufig nicht mehr ganz kapitelfest sind. Wir wollen nur nachschauen, was die Würde der Frohen Botschaft aus ihren Gesichtern gemacht hat, was der Geist, den sie den heiligen nennen und von dem sie ihre Verrichtungen in Permanenz angeleitet wähnen, darin hinterlassen hat: – ist es mehr als nur Beweismaterial für Lichtenbergs Satz von den Leuten, die glauben, alles wäre vernünftig, was man mit einem ernsthaften Gesicht tut? Man sehe sich um, wie sie aussehen – wie das aussieht, was sie mit ihren ernsthaften Gesichtern tun; es gibt Gelegenheiten, sie aus der Nähe zu betrachten. Ich habe mir seinerzeit, etwa, die Übertragung der Obsequien für einen christlichen Bundeskanzler aus dem Kölner Dom angesehen, wo sie von Telekameras in die nächste Präsenz geholt wurden (und, vergeb's mir Gott, ich habe immer hinschauen müssen, ob nicht irgendwo an den Stolen das kleine Mikrophon zu erkennen wäre und aus den heiligen Personen unten ein Draht herausliefe): wie sie da um den Altarstein schritten, qualmende Töpfe in Händen, magische Formeln im Mund, von einer Miene beherrscht, als hätten sie grad alle Hoffnung fahren lassen: – es hielt förmlich an zu der Überlegung, wie das Schauspiel wohl auf einen Inder oder Japaner wirken müßte (wenn auch der Ausdruck dieser Wirkung vermutlich eine mildere Form hätte als im umgekehrten Fall). Wo war da ihre Zuversicht, daß dem Tod doch der Stachel gezogen sei? Sehen sie vielleicht immer so aus – immer so, als ob sie Obsequien läsen über der Welt? Ich habe sie auch bei weniger zur Ernsthaftigkeit verpflichtenden Anlässen gesehen – in Siena zum Beispiel, wo sie die Rennpferde segneten, mit kaum geringerem Aufwand an Solemnität und Latein: – ich meine, um es kurz zu machen, der Kirchengott sei um diese Diener noch weniger zu beneiden als um die ihm von ihnen zugemuteten Aufgaben. Man sehe sich um, wie sie aussehen: das will uns die Metaphysik repräsentieren? Das beansprucht Glaubwürdigkeit für die Lehrbehauptung von der Erlösten Welt? Ob alt oder jung, ob von der Zerebralsklerose geschädigt oder nicht: was für makabre Optimisten! Wo ist der Geist, der da lebendig macht, in diesen von 2000 Jahren mumifizierten Gesichtern? Diese frohen Botschafter mit ihrem Grabesgehaben! Es wäre ja eine Frage an die Überlieferung, ob etwa der Apostel Paulus je in seinem Leben gelächelt habe; aber man soll mir das Ausmaß ihrer Bedeutung nicht geringschätzen: die einzige Möglichkeit, den Apostel Paulus hochzuschätzen, wäre die Unverläßlichkeit des Überlieferten. Ich stelle mir vor, wie er ausgesehen hat, dieser eigentliche Stifter der Kirche: vermutlich wie der Fels, auf den sie gebaut ist. Schopenhauer, der vielleicht tiefste Wahrheitsdenker aller unserer Zeiten, spielte zum Pessimismus seines Wahrheitsdenkens die Flöte: – es war das ein viel geringerer Einwand, als Nietzsche meinte; es war das zuletzt ein Beweiszeichen für den Rang seines

Pessimismus. Wo ist dieses heitere Trotzdem bei diesen Sachwaltern des Sündensolds, der doch verschlungen sein soll in den Sieg? Wo auch nur eine Spur des Lebenswiderscheins der Güte und der Liebe bei diesen frigiden Nächstenliebhabern aus Profession? Wo anderes als die rigide Gestikulation von Nächstenbeherrschung? Ernstlich, ich möchte sofort gerufen werden, wenn jemand den Papst einmal aus Herzens-Grunde lachen sieht, sich freuen, leben; ich lechze nach der Widerlegung meiner Einsichten. Sie ist mir nicht unsichtbar geblieben, »die höchste moralische Autorität der Welt«, wie die Welt sich grad wieder vom Genueser Kardinal Siri hat sagen lassen; ich habe, anläßlich eines Rom-Aufenthalts, natürlich auch den Vatikan aufgesucht, um die herrlichen Kunstschätze dort anzuschauen, und, da ich denn einmal da war, an einer der Audienzen des Hausherrn teilgenommen. Ich habe ihn mir angesehen, und nicht ohne Mitgefühl –: wie schwer muß es dem ernsthaften Mann fallen, angesichts einer von Scharnow mobilgemachten Menschheit an den Endsieg seines Glaubens zu glauben! Mitgefühl: wie er da, altersmühsam genug, zur Hebung des Fremdenverkehrs den Purpur ablegt und sich bei getragener Lautsprecher-›Träumerei‹ von Schumann als Unschuldsengel in Weiß zur Besichtigung freigibt ... so gering kann ein Kirchenfeind von der Kirche gar nicht denken, wie sie selber da von sich nicht-denkt! Auch das scheint zum Vater-Leiden der kranken Menschenart mit zu gehören: daß sie sich von den Veranstaltungen seiner Ohnmacht magisch anziehen läßt und schallend Beifall klatscht zu deren

Gelingen. Aber das Schindluder, das die ernsthafte Kirche mit sich treiben läßt, übertrifft das jener, die es treiben und deren trostlose Lachhaftigkeit auf moralische Autorität ja auch keinen Anspruch erhebt. Und da müssen wir denn schließlich bei der Betrachtung dieser Kirchengegenwart auch die Menschenart noch betrachten, die sich so gut mit ihr verträgt in ihrer unvergeßlichen Vergeßlichkeit und die, als ihr lange erzogenes Produkt, den Fortbestand dieser Gegenwart noch lange garantieren wird. Sie hat ja durchaus widersinnige Züge, diese Art, die sich's mit den Todsünden gerichtet hat, ja aus den *peccata capitalia* mehr denn je ihr ganzes Existenzkapital schlägt: – wieso ist die Kirche so wenig uneins mit ihr? Sie legt ihr ja erstaunlich wenig in den Weg, dieser Menschenart, die sich aus der ihr lange vorgetragenen und ausnahmsweise auch empirisch gesicherten Definition, daß sie ein Dreck sei, längst nur noch die Erlaubnis ableitet, sich auf Erden auch dreckig benehmen zu dürfen, und die dem von ihr geglaubten Jüngsten Gericht mit einer Miene entgegensieht, als schlösse sich auch da ein Frühschoppen an: – wieso ist sie so wenig uneins mit der Kirche? Das festzuhalten, daß sie wenig uneins sind, die beiden, ist gar nicht so unwichtig, wie es scheint: denn für die oberflächliche Betrachtung der Gegenwart könnte sich ja manchmal der Eindruck bilden, als müßten wir selber uns, wir Agnostiker und Kirchenfeinde, das Bündnis mit einer immer größer werdenden Menschenmehrheit gefallen lassen, als habe die Kirchenkritik heute die denkbar schlechteste Gesellschaft überhaupt, nämlich die der

Gesellschaft. Und das müßten wir uns denn doch mit Nachdruck verbitten: – mit dieser Lebensart, die sich das Ausbleiben der Sintflut als Ermutigung deutet, sich und ihre Greuel als freidenkerisch zu frankieren, die sich dem Religionsunterricht entzieht, bloß um derweil Fußball zu spielen, der beim Gedanken an den Kirchenaustritt nur die Steuerersparnis einfällt und sonst nichts, die mit ernsthaftem Gesicht überhaupt nichts mehr ernst nimmt, ja gar nichts mehr weiß von dem, was sie glaubt oder nicht glaubt, – mit dieser Lebenssorte und ihren Interessen haben wir nun wirklich nichts gemein: hebt euch hinweg, ihr Hornviecher ... Groß ist die Gefahr freilich nicht: »Erstmals weniger Kirchenaustritte«, konnte die ›Süddeutsche Zeitung‹ schon vor zwei Jahren wieder melden: »Wieder mehr Taufen ... nur die Zahl der kirchlichen Trauungen rückläufig ... Zahl der Bestattungen stabil ...« Zahl der Abendmahlsgäste weiterhin angestiegen...« Nur zu, es wird noch lange gesichert weitergehen: sie können gar nicht uneins sein, die beiden. Nein, sie sind verbündet – und manchmal kurzfristig entzweit nur als Konkurrenten um die Hauptrolle im Schauspiel einer Zeit, die sich das Mittelalter auf ihren Plätzen vom Smog fressen läßt und dafür in den Köpfen bewahrt. Sie sind verbündet: – muß man noch erläutern, warum? Ich sage das gar nicht mit Vergnügen: es ist ja durchaus gräßlich, daß einen die Einsicht ins Funktionieren der Gegenwart und Gegenart immer mehr absondert: – ich schaue mich eigentlich dauernd um, ob ich mit ihr nicht wenigstens noch ein paar kleine Irrtümer gemein habe.

Aber es hilft nichts; man muß sich bescheiden; genug...

Es wird noch lange hin sein, daß solche Reden gehalten werden müssen, und sieht man voraus, so werden's Jahrhunderte sein, die wir noch neben der schattenhaften, nicht mehr lebendigen Kirche herzugehen haben, selbst unablösbar Schatten ihrer selbst und auch verurteilt durch sie selbst zu dieser Schattenhaftigkeit. Untrennbar, wie sie selbst ist von ihrer Vergangenheit, sind wir's von ihr als ihr schlechtes Gewissen, das sie von sich aus nicht hat, und als das gute Gedächtnis, das es für sie doch geben muß, in alle Zukunft. Wir müssen ihr die Geschichte schreiben, voraus und hinterher, nachdem sie selber mit den Zeiten so durcheinanderkommt: – ist es eigentlich weniger als ein Symptom, daß ihre Heraufkunft die Historiographie, in der Antike schon edelste Kunst der Lebensbegleitung, auf einen Schlag beendet hat, für ganze tausend Jahre? Ihr Leben war lang, ihr Sterben zieht sich hin; lange noch wird sie dasein. Ja, man muß damit rechnen, daß sie vielleicht nie unter die Erde kommt, diese zeitlose Erscheinung einer alten Zeit, nachdem sie mit dem Schlechtesten der Menschenart, das nie unter die Erde kommt, verbündet ist, verwandt und wie verwachsen; manchmal kann man schier nicht mehr auseinanderhalten, was von beidem wessen Schöpfung ist. Denn eines stößt vor diesem komplexen Bild ja doch auf sehr komplexe Schwierigkeiten: die Anwendung der Regel, etwas an seinen Früchten zu erkennen, beziehungsweise, weniger biblisch – und nochmals mit Lichtenberg, der sogar »goldenen Regel«, die Menschen nicht nach ihren Meinungen zu beurteilen, sondern nach dem, was diese Meinungen aus ihnen machen. ›Die Menschen‹ waren keinem Einfluß länger und stärker ausgesetzt; wenn etwas auf Erden sie prägen konnte, dann diese Meinungen: – wohin kommt man, wenn man nachschaut, was herausgekommen ist? Kommt man – wenn das, was herausgekommen ist, nicht das Werk der Kirche wäre – zu einem anderen als dem für sie ebenso tödlichen Schluß, daß die Kirche das Werk der Menschenart ist – nur Menschenwerk, in jedem kläglichen Sinn? Es läuft jedenfalls beides in der schlichten Erkundigung zusammen, wie sich die auf Erden benehmen, die sich unter Kontrolle und Einwirkung eines höher lebendigen Wesens glauben: – *ecco.* Denken wir gering von der nicht höher lebendigen Kirche, gar geringschätzig? Wir haben alle, wir Agnostiker und Kirchenfeinde, eigentlich lebens- und geschichtslang darauf gewartet, weniger gering von ihr denken zu müssen, höher von ihr denken und leben zu können: – es war die Vergeblichkeit dieser Erwartung, was uns endgültig gering von ihr denken ließ. Wir blicken zurück und blicken uns um, und siehe, es war nicht gut. Wir blicken voraus: könnte es ohne sie nicht besser gehen? Ihre Moral war schlecht; ja, schlimmer: sie war immer falsch und darum schlecht: ihre »Sünden« sind nicht das, worin die Menschenart täglich schuldig wird, ihre Tugenden nicht das, was sie schuldloser machen würde; nicht einmal praktisch-taktisch hat sie einen Sinn. Es gibt nichts mehr, was ernstlich eine Messe wert wäre. Man muß ihr, um die volle Abstrusität ihrer sich gegen die praktisch-taktische Sinnlosigkeit behauptenden Gegenwart sichtbar zu machen, fast alle Differenzierungen aufkündigen, die bei ihrer langen Geschichte angefallen sind, will man zu ihrer Grund-Falschheit vordringen, vor der alles eins ist: die Differenzierungen zwischen ihren Zeiten nicht nur, die eins sind, sondern auch die zwischen deren Aus- und Zuwüchsen. So, etwa, auch die zwischen der *Una Sancta Catholica* und dem Protestantismus –: das einzige, was an der Reformation interessiert, bleibt wirklich nur Luthers Charakter; alles übrige ist nur ein verworrener Quark, wie er uns noch täglich zur Last fällt – (das ist, nachdem gegen die Kirche alles längst gesagt ist, in dieser Wortwörtlichkeit ebenfalls längst gesagt, nämlich von Goethe). Verworrener Quark: sind es die Protestanten-Probleme etwa nicht? »Sorge um Alkoholiker erfaßt auch Abendmahl«, melden die Gazetten: »Schon der kleine Schluck, mit dem nach christlicher Lehre das Blut Jesu Christi getrunken wird, kann genügen, um beispielsweise einen genesenen Alkoholiker rückfällig zu machen.« Das sagt ihre Vernunft, und ihre Theologie stimmt zu – aus Vernunft? Ach nein, sie hat wie eh und je nur nachgeschaut, ob sie darf, und der Zufall wollte es, daß sie vernünftig sein durfte: »Jesus habe lediglich«, begründet sie ihre Zustimmung, »von der ›Frucht des Weinstocks‹ gesprochen, als er das Abendmahl stiftete, und das sei der Traubensaft auch.« Es ist alles eins. Selbst wenn sich einem manchmal der Eindruck vorgaukelt, daß Protestanten auf der Evangelienseite ihres Denkens nicht ganz so stocktaub seien wie die Katholiken und etwa den Sozialfragen nicht nur mit der Miene des zweitgrößten Arbeitgebers im Staat gegenüberstünden, – man kommt nicht weit; man steht urplötzlich vor einem Plakat, auf dem ihre Theologie »Gegenwartsprobleme im Lichte des 1. Petrusbriefs« zu lösen ankündigt, und alles ist wieder beim alten –: *ecco.* Es geht nicht; wir müssen der Kirche die Differenzierungen aufkündigen, fast alle, schlechthin alle, – warum zuletzt? Um ihr jene eine Differenzierung zu entwinden, die sie ihren Kritikern mahnend immer wieder hinhält und um derer willen sie sogar Kritisierbares an sich einräumt: die zwischen dem Kritisierten und seinem angeblichen Guten Kern, die zwischen ihr und ihrem Stifter, auf den sie sich in Permanenz beruft und dessen edle, der Menschenachtung unverlierbare Gestalt sie in ihrer dunklen Kathedrale wohnhaft glaubt. Er hat dort nie gewohnt; nie ist die Kirche Fortsetzung und Institution jener anrührenden Utopie gewesen, die er, schreckend genug für Denken und Hoffnung, uns vorgelebt hat; es hat wirklich, wie Nietzsche sagte, nur einen einzigen Christen gegeben, und der ist am Kreuze gestorben. Christentum und Kirche: die Differenz zwischen ihnen ist zuletzt keine andere als die von Gegensätzen; wenn die Geschichte eines zu erinnern gibt, dann dies ... Christentum und Kirche: es wäre in ihr gewiß nie mächtig geworden. Aber sie hätte in ihm auch niemals schuldig werden können. Dies war ihre Erbsünde: daß sie schuldig wurde um der Mächtigkeit willen: daß sie die Utopie verwarf um den Preis der allmächtigen Illusion.

Man blickt zurück und blickt sich um –: ist Erlösung zu erwarten von der noch immer an uns heimgesuchten Sünde unserer Kirchen-Väter? Durch sie, die Kirche, ja wohl schwerlich mehr; von ihr – das wäre doch ins Auge zu fassen. Aber es wird nicht ohne Nachhilfe gehen, – oder gäbe es Anzeichen? Zurückgezogen lebt sie manchmal schon; sie fühlt sich in den Städten nicht mehr wohl und ist aufs Land retiriert, wo man, trotz fortgeschrittener Kenntnis des Alphabets, immer noch gern ein Kreuz an die Stelle des Namens setzt und wo die einheimische Feldanschauung ihrem Weltbild sicher entgegenkommt. Dort blüht sie auf; dort erklingt ihre Stimme in alter Frische von den Kanzeln: – ich habe sie gehört, und wenn ich nur öfter zur Kirche ginge, ich bin überzeugt, ich würde auch das geozentrische Weltbild dort wieder vertreten hören. Aber es geht nicht an, sie darf auch diesen traditionellen Alterssitz nicht behalten; die Kirche im Dorf zu lassen, wäre eine Unfreundlichkeit gegen die Landwirte, die auch einmal bessere Zeiten sehen müssen. Wohin mit ihr? Es bleibt kaum anderes übrig: man muß sie von der Welt selbst zurückziehen und ihr den Abschied geben, den sie von sich aus nicht nimmt. Oder könnte sie ihn doch noch selber nehmen – erkennend, was sie war und was sie ist – bereuend, was sie ist und immer wäre? Könnte sie umkehren aus ihrer fatalen Geschichte – zurückkehren in die Utopie, aus der sie kam? Ich wüßte eine letzte Enzyklika für die abtretende Kirche, eine letzte, der Wahrheit zum erstenmal nahekommende Selbstbetrachtung, einen letzten großen Schlußbeschluß, mit dem sie sich von der Welt, die schlecht ist wie sie und vielleicht besser werden kann ohne sie, zurückzöge, und ich wäre bereit, ihr den Text im mächtigsten Latein ihrer Geschichte zu stilisieren: er würde *Horruimus* beginnen oder *Horribile dictu,* und wenn auch der Geist, den sie danach aufgäbe, nach Vergessenheit riefe wie nichts auf Erden sonst, so würde doch dies Aufgeben ihr Andenken am Ende in Ehren halten – trotz allem, doch und doch, und unvergeßlich.

Der Startheologe

Ein Professor muß nach seinen Worten beurteilt werden. Die sind seine Taten.

Helmut Thielicke über Helmut Thielicke.

1. Der Christ der Letztzeit

> Wie ein Theologe heute ein gutes Gewissen bei seiner Christlichkeit haben kann, ist mir unverständlich und unzugänglich; aber es gibt genugsam gutes Gewissen bei ihm, – es scheint mit dem ›guten Gewissen‹ nicht viel auf sich zu haben.
>
> *Nietzsche*[1]*

Die »Annahme der allgemeinen Neurose«, rühmte Freud den Religionen nach, überhebe die Gläubigen der »Aufgabe, eine persönliche Neurose auszubilden«[2] – es gehörte dies zum Wenigen, Letzten, das er den Glaubenssystemen an Leistung zugestand. Zehn Jahre nach dem Tode des hellsten Gehirns, das diesem finsteren Jahrhundert Entdeckungen abgewann, hatte das Christentum in Deutschland eine riesige Überhebungsarbeit geleistet, vielleicht den größten Energieschub seiner neueren Geschichte überhaupt, und daß der Bonner Staat seine Gründungseide auf ›Gott‹ schwor, müßte – wäre's nicht einfach Ausfluß jener platten Ideenlosigkeit gewesen, mit der alte Männer sich über junge Probleme hermachten – ein kleines Teilchen Gratifikation für die geleistete Helfershilfe gewesen sein. Hätte Freud sie gerühmt, noch immer gerühmt? Müßte, wer es mit seinen Kriterien und Einsichten hält, doch wenigstens dieses Eine gelten lassen, wenn denn anders auch gar nichts bliebe: daß sie, die Christlichkeit, den ruinier-

* Quellennachweise auf den Seiten 112f.

ten Kreaturen wessen immer den Dienst der Menschlichkeit geleistet habe, ihnen die »persönlichen Neurosen« zu ersparen? Man wird, auf der Suche nach den Fäulnisursachen in der deutschen Nachkriegsgesellschaft, diese Frage mit wachsendem Abstand immer greller im Mittelpunkt sehen müssen; man wird, auf der Suche nach den Fäulnisursachen in der deutschen Nachkriegszeit, immer gellender nach der Rolle fragen müssen, die das Christentum darin gespielt hat.

Die Zerschlagung des deutschen Banditenstaates 1945 beendete die fürchterlichste Katastrophe der abendländischen Geschichte: sie kostete 55 Millionen Menschen das Leben. Die Christlichen Kirchen, Banditenorganisationen nach landläufiger Meinung sonst fernstehend, durch Helfershilfe diesmal schwer kompromittiert, waren mit dem Ende unablösbar verbunden: sie selber hatten die fürchterlichste Katastrophe ihrer Geschichte hinter sich: sie hatten, mit den fürchterlichsten Greueln der Geschichte konfrontiert, als Institution versagt, so sehr und schwer versagt, daß die Möglichkeit, Menschlichsein und Christlichsein jemals wieder zu verwechseln, für alle Zukunft genommen sein sollte. Reicht diese Gemeinsamkeit des Unglücks hin, die nachfolgende Gemeinsamkeit, die nachfolgende Komplizenschaft zu erklären? Daß Staat und Kirchen sich so ähnlich getroffen dünkten, könnte schauderhaft tief blicken lassen –: das mögen jene bedenken, die sich mit der oberschichtigen Deduktion zufrieden geben. Die nachfolgende Gemeinsamkeit: ein Staat, der die Kirchen mit der größten Machtfülle honorierte, die seit der Aufklärung an sie vergeben wurde; – es liegt fast nahe, den Rückschritt, den Rückfall im geistigen und moralischen Rang, den dieser Staat bedeutet, auf einen analogen Zeitraum anzusetzen. Eine riesige Gratifikation. Wofür?

Wenn hier von ›den Kirchen‹ – der Infamen und der kaum weniger infamen anderen – geredet wird, so sind freilich nicht die wenigen Guten Menschen gemeint, die das Unmaß der Unsicherheit jener Stunde so tief durchdrang, daß sie's allein nicht ertrugen und, wie kläglich auch immer, mit dem großen Treck der Tröstung durch die alten Illusionen zuflüchteten. Auch jene stumpf und unerschütterlich getrosten Leute, die, weil sie an einen Weltenführer glauben, so leicht auch für Reichs- und Bundesführer zu haben sind, mögen so sehr der Schandfleck nicht sein; was an ihnen schändlich ist, wird von den religiösen Zwangshandlungen eher in Schach gehalten. Kein Wort auch hier gegen die vielen großen und kleinen Sünder, die sich zum Empfang preiswerter Vergebung bei den Kanzeln anstellten ... und daß, ›nach der Tat‹, auch Feldmarschälle das Überirdische schätzen lernten und zur Absolution marschierten, braucht nicht einmal mit einem ›sogar‹ vermerkt zu werden –: es pflegt so zu sein bei Feldmarschällen. So sehr aber ›das Christentum‹ die Christen sind und keine noch so rein gemeinte Urlehre diesen die Verantwortung für die Praxis abnimmt, so wenig stellen die Gemeinschaften der aus den verschiedensten krausen Motiven Gläubigen ›die Kirchen‹ dar –: was dieser Begriff meint, sind jene Stimmen der Institution, die den zum Denken

Bereiten beschwichtigend etwa dieses zuriefen: »Gott hat Ihnen mit dieser schweren Stunde eine Aufgabe gestellt, und nun kommt alles darauf an, was Sie damit tun. Zum Grübeln hat er sie Ihnen zweifellos nicht gegeben. Auch nicht zu dem Zweck, Ihre Phantasie damit zu beunruhigen.«[3] Und die nach einer Weile, falls denn doch jemand eine Beunruhigung seiner Phantasie verspürt haben sollte, unwirsch, ja drohend hinterherriefen: »... daß Gott der Herr es ist, der uns gerade in die heutige Gesellschaft, in die demokratische oder die totalitäre, versetzt hat, auch wenn uns da vieles gegen den Strich geht. Und wenn Gott es ist, der uns an diesen Ort gestellt hat, dann kann es keinesfalls unertragbar schlimm sein.«[4]

Die politischen Manipulationen, mit denen »wir« ohne viel »Grübeln« in die »heutige Gesellschaft, die demokratische oder die totalitäre versetzt« wurden, wird die Geschichte einmal der geistigen Inferiorität des ersten Nachkriegskanzlers zulasten rechnen. Daß es jedoch mit Gottes Hilfe – (und es wird mir, jetzt beim viertenmal, doch schon zuviel; auch soll man den Namen nicht unnützlich führen; ich kürze also künftig ab: G) – daß es mit Gs Hilfe geschah, ja überhaupt erst möglich wurde, gehört zu den unheilvollen Schamlosigkeiten, die ›Kirchenpolitik‹ heißen, zu dem »Mischmasch von Irrtum und von Gewalt«, der nach Goethe ›Kirchengeschichte‹ heißt. So kam der Restaurationsstaat der Bundesrepublik zu Stande: ein Gebilde, dessen erster Präsident zu den Ermächtigern des Banditen Hitler gehört hatte, dessen zweiter Präsident ... dessen zurzeit letzter Kanzler ... dessen

Minister und Staatssekretäre ... »Christen«, sagt einer der Träger dieses Staates, »können in Politik und Gesellschaft helfen, Probleme zu lösen, wo andere trotz besten Willens scheitern«[5] –: erwägt man, daß der Mensch, dem solche Sentenzen gelingen, der Stellvertretende Erste Sozialdemokrat Deutschlands ist, so vermag man zu ermessen, welche Bewältigungsarbeit den Kirchen hier gelang. Eine Gesellschaft, deren Bürger über das höchste durchschnittliche Lebendgewicht in Europa verfügen und über das magerste Gedächtnis, vergaunert bis in die Spitzen der langen Finger, ungeistig wie nie, ein Volk der Kriecher und Krämer – und Solifidianisten sie alle, wenn's darauf ankommt (und es kommt vieles darauf an): welche Arbeit!

Tatsächlich war die Kirche 1945 die einzige Institution, die unmittelbar zu praktischer Aufarbeitung ansetzte; die Wissenschaft, stärker mitgenommen von der Prostitutionstätigkeit während der überstandenen Großdeutschen Zeit, übte Zurückhaltung in der nun bevorstehenden kleindeutschen. Nun ist die wissenschaftliche Gegenbewegung gegen die Kirchenideologie nie stark gewesen; sie verkroch sich, mit vor den Mund geschlagener Hand, auch diesmal hinter bloßem Betriebsgeräusch und beatmete ersatzweise mit Verbissenheit jenen Homunculus, dessen Gestalt heute in ihrer ganzen Traurigkeit erkennbar ist: die empirische Soziologie. Eben dadurch aber, durch ihr Nicht-zur-Stelle-Sein, gab sie dem kirchlichen Treiben die Autoritätsgebärde preis, von der sie selber Gebrauch zu machen nicht wagte: es wucherte auf nicht das harmlos krause Gewächs der Kanzeladhortation, sondern das giftige der Theologie. Selten ist Argumentation von der Kirche so nah an den Illusionskonsumenten hinuntergetragen worden wie in diesen Jahren: Wissenschaftlichkeit, und sei's nur ihre brüchigste Außenschicht, diente zum Stuck, um Bonn als Neues Jerusalem herauszuputzen. Alle Fragen der Zeit – bis hinauf zu jenen, die stumm blieben aus Scham – wurden theologisch beantwortet, den Fragen zum Schaden, den Beantwortern zum Vorteil: theologisch – das heißt, aufrichtend illusionär und abrichtend autoritär. Alle Fragen der Zeit wurden mit Auf- und Abrichtung abgespeist; alle Frager der Zeit wurden satt gemacht: *pane et* ... ja, wovon lebt der deutsche Mensch eigentlich sonst noch außer vom selbstredend G-gegebenen Täglichen Brot? – das ist natürlich rein rhetorisch gemeint; Sie wissen es alle –: *circensibus.*

Worin bestand die Vergangenheitsbearbeitung der Kirchen? Sie werden sich alle an jene eine prominente Fragestellung erinnern, in der man die Flutwelle des Entsetzens 1945 zu sammeln verstand und zu kanalisieren: »Wie kann (bzw. konnte) G das zulassen?« Die Frage war ein Kunststück der Psychologie, eine Betrugsleistung von paulinischem Rang: denn sie isolierte nicht nur den Gewissensschmerz des einen, den das eben Vergangene nicht mehr gut schlafen ließ, sondern auch den dumpfen Mißmut, die unentschlossen sich stauende Aggressivität des anderen, dem lediglich die dämmrige Wahrnehmung aufstieß, daß es ihm jetzt, unter den Alliierten, ausgesprochen miserabel ging. Beides zu binden, wurde eine zirzensische Veranstaltung ersonnen, die, obschon an sich Bagatelle, doch zum Ausgangspunkt aller folgenden magischen Dressurakte wurde. Manche Details sind fast vergessen heute: die Schauspieltruppen etwa, oft – noch traulicher – ›Laienspielgruppen‹, die von Gemeindehaus zu Gemeindehaus zogen und regelmäßig in irgendwelche hochdramatisch produzierten Schicksale am Schluß, wenn alles gebührend chaotisch verwickelt war, einen schwarzgekleideten Herrn praktizierten, der die kunstreiche Frage nach Gs Zulassungsvermögen stellte (und daß es nicht in dem schopenhauerschen Sinne geschah, es hätte ihm doch das Herz zerreißen müssen, braucht kaum erwähnt zu werden) und nach allgemeiner Ratlosigkeit die Antwort gleich mitlieferte – etwa so: »Das Leiden ist auf keinen Fall programmwidrig. Was auch an Grauen uns umgeben mag, dies alles kann unserm Herrn die Pläne nicht durchkreuzen, sondern das alles liegt gerade im Zug seiner Pläne.«[6] Oder: »Muß dieses Leiden unbedingt ›kausal‹ aus vorangegangener Schuld abgeleitet werden? Kann es statt dessen nicht auch ›final‹ erklärbar sein, nämlich von einer erzieherischen Absicht Gs her?«[7] Mit anderen Worten: Wen der Herr lieb hat, den schickt er womöglich auch in die Gaskammer. Diese für viele Leute überraschende, jedoch erzieherisch wertvolle Unberechenbarkeit Gs erklärte einmal, »daß G auch die Seinen in voller Absicht einmal an die Gerichte hingibt, die unser ganzes Volk getroffen haben und treffen«[8]: G ist nicht wählerisch. Zugleich aber zerstreute sie das – größere – Befremden darüber, daß nicht nur Unschuldige leiden mußten, sondern daß auch einwandfrei Schuldige nicht leiden mußten. Nun ist »die Tatsache, daß die Gerichte Gs in seinem Schweigen bestehen können«[9] für alle Sünder ja sehr erfreulich, und daß G »im schweigenden Gewährenlassen richtet«[10], mußte besonders jenen gelegen kommen, die nach humanem Standard um ihren Hals hätten fürchten müssen –: was wunder, daß sie zu Hauf den Vereinen zuströmten, die so günstige Grundstatuten bereit hielten. Dort wurde ihnen »deutlich, daß die Geschichte der Welt von vornherein auf Heil hin entworfen ist«[11]: – hatten sie das nicht zwölf Jahre lang vorher auch schon geglaubt? Und wer nicht von der unrealistischen Rechtsauffassung lassen wollte, daß die Schuldigen, die Verhunzer der Sitte und Schänder der Sittlichkeit, allein schon zum künftigen Schutz der Schändbaren gerichtet werden müßten, dem wurde vom schwarzgekleideten Vertreter Gs sehr realistisch »der Teufel« als eigentlicher Schuldiger präsentiert, der »in diabolischem Spiel mit den besten Eigenschaften unseres Volkes seine dunklen Geschäfte getrieben«[12] habe, mit »Leuten, die das Beste zu leisten versuchten, die auf militärischem, auf sozialem Gebiet oder als Pädagogen, vielleicht sogar als Politiker eine ordentliche Arbeit tun wollten, die auch Erfolge hatten ...«[13] und so weiter und immer so weiter; und wer noch immer nicht ruhig war, der hörte ganz konkret hinterher, wie »quälend, schrecklich und im höchsten Maße destruktiv« es der Vertreter Gs finde, »daß das Erschrecken über die Gerichte Gs nun durch die innere Struktur der Entnazifizierungsverfahren abgewürgt wurde«[14].

Und ein »kleiner Teil« seiner Zuhörer (welcher wohl?) quittierte mit dem Dank, daß er »die Gewissen wieder freigemacht hätte für eine wirkliche Buße.«[15] Konkret hinterher: Auf solche Art wurde erreicht, daß der Schuldlose die Kraft, die sein Schuldlossein ihm für eine Verwandlung der neuen Zeit verlieh, an alberne Erörterungen über G und die Welt verlor – und daß der Schuldige die Ohnmacht, die sein Schuldigsein verlangte und die für eine Verwandlung der neuen Zeit Voraussetzung war, überwand –: also daß beide schließlich unter jene abstrakte Knute sich duckten, die Ohnmacht und Kraft zu Paaren trieb und der eigenen Sache dienstbar machte. Auf solche Art wurde erreicht: die Besänftigung, die Unterdrückung, die Verhinderung einer Revolution der Geistigen zugunsten von Geistlichkeit – die Liquidation einer Großen Stunde – ihre ›Metaphysilierung‹ ... Noch einmal: welche Arbeit!

Auf große Zeitdistanzen besichtigt, wird man dies unter die stärksten Schulden des Kirchenchristentums der abendländischen Menschheit gegenüber rechnen müssen: daß es die Große Stunde von 1945 verdarb. Seine Mittel dabei –, ihre Aufzählung müßte mehr denn je in jenen Satz Nietzsches münden, der es »den Einen unsterblichen Schandfleck der Menschheit« nennt –: dieser Satz wurde geschichtlich bewiesen. Was der furchtbarste Krieg der Menschheit heraufbrachte, das letzte Atemholen des Kirchenchristentums, sein letztes Ausholen, – auf große Zeitdistanzen besichtigt, ist es der eigentliche Abschaum, den er hinterließ.

2. *Der Mensch*

... eines noch lebenden großen Philosophen, welcher wahrhaft rührende Bücher geschrieben und nur die kleine Schwachheit hat, Alles, was er vor seinem fünfzehnten Jahre gelernt und approbirt hat, für angeborene Grundgedanken des menschlichen Geistes zu halten ...

Schopenhauer[16]

›Der Mensch‹ – dergleichen gibt es am Ende wohl doch nur für die öffentlichen Fleischbeschauer der Sozietät wie Divo und Allensbach. ›Der Christ der Letztzeit‹ – läßt er sich überhaupt dingfest machen? Läßt sich der ungeheure Wahnzuwachs in einer einzigen Person beim Wort, bei exakten Worten nehmen? Müßte nicht, wer den Finger auf Un- und Irrsinniges beim geistlichen Individuum legte, bei der geistlichen Institution mit der nämlichen Antwort rechnen, die – etwa – Fernsehintendanten austeilen, wenn man sie darauf hinweist, ihre Aussendungen ähnelten zu großen Teilen doch fatal den Veranstaltungen der Schauspielgruppe des Hospizes zu Charenton unter Anleitung des Herrn de Sade? Es gibt eine Narrenfreiheit, die berücksichtigt, daß die einzelne Kirche, in der Un- und Irrsinniges in besonders extremem Maß laut wird, eben doch ›im Dorf‹ bleibt –: dem in der Großstadt, auf ihren Kanzeln und Kathedern laut werdenden Einzelchristen muß diese Entschuldigung versagt werden – auch wenn ihm ›Die

Welt‹ in generöser Umschreibung bescheinigt, daß unter seiner Kanzel »im Gemeindegesang – wie seit Jahrzehnten – die altgedienten Sopranstimmen vorschmeckten«[17]: das ist in einer Gesangsvereinigung, in der die altgedienten Soprane das gleiche Stimm- und Bestimmungsrecht haben wie ausgebildete Sänger, kein Mildernder Umstand. Es gibt unter den prominenten Persönlichkeiten der Gesellschaft so etwas wie ›Sammelwesen‹, Gebilde, in denen die Individualität in gleichem Maße verkümmert, in dem das Kollektive sie durchdringt, und die der sprachlosen Mehrzahl Ausdruck geben, für die sie vikariieren. Aus der Politik sind sie sattsam genug bekannt: wir werden von ihnen, den dutzendmaldutzendhaften Plakettentypen, zurzeit regiert. Aus der – wie Gazetten sagen – ›Welt des Geistes‹ werde hier eines bekannt gemacht: ein Mensch, in dem sich rein wie selten das Christentum der Letztzeit manifestiert, der allen Handlungen der Kirche, den so vielfach unfaßbaren, unpackbaren, Stimme und Artikulation verliehen hat, der ein Kernprodukt der frustrierten Sternstunde von 1945 selber ist: ein Mensch, der in den größeren Zusammenhängen hier, in denen Namen Schall und Rauch sind, so heißen mag, wie ihn die Deutsche Nachrichtengazette mit insistenter Inbrunst genannt hat: Der Startheologe.

Der Christ der Letztzeit – der Startheologe –, man wird ihm nicht weniger als gerecht, wenn man, ein erstes Bild von seiner ›Menschlichkeit‹ zu gewinnen, nach seiner Menschlichkeit fragt. Nach seiner Menschlichkeit – das heißt: nach seiner Fähigkeit, mitzuleiden. Mitzuleiden – das heißt: das Elend der Menschen zu sehen und zur Grundlage und Richtschnur seiner Handlungen zu machen. Erste Umrisse eines ersten Bildes sahen Sie bereits: sie bestanden in korpulenten Bemerkungen über das Leiden und seine Rolle in Gs Heilsprogramm. Hier sind weitere. »Die Freiheit eines Christenmenschen«, leitet er einen Aufsatzband über »die Freiheit des Menschen im technischen Zeitalter« ein – schon zwischen Titel und erstem Satz ›den Menschen‹ und ›den Christenmenschen‹ miteinander verwechselnd, »meint selbstverständlich zu allen Zeiten das gleiche. Es geht immer darum, daß nichts Vorletztes über uns Macht gewinnen kann, wenn wir unter dem Schutze der letzten Instanz stehen.«[18] Dieser Freiheitsbegriff – und er verliert nicht an Abstrusität dadurch, daß der Startheologe ihn nicht erfunden hat – zieht sich wie ein Leitmotiv durch seine gesamte Schriftstellerei, und stets bildet sein Auftauchen ein Alarmsignal, dem irgendeine denkerische Katastrophe folgt. Die »letzte Instanz«, in deren Schutz der Startheologe so brusttönend sein »Selbstverständlich« und sein »Immer« ruft, ist selbstverständlich immer das gleiche, nämlich G. Was aber wäre das »Vorletzte«? Es wird auf zwei Seiten in Schnelle erledigt – erstens: »Die Angst kann uns nicht beherrschen, wenn wir bei dem geborgen sind, der die Welt überwunden hat ...«[19]: eine denkerische Unanständigkeit. Zweitens: »Keine irdische Autorität darf mit ihrem Anspruch nach uns greifen, sofern sie diesen Anspruch nicht vor jener letzten Instanz zu legitimieren weiß ...«[20]: daher also das

Hohe C auf dem Vereinsschild der Notstandssänger: mit G singt sich's, wie schon viele Figuren gezeigt haben, wesentlich leichter als *a capella.* Drittens: »Selbst der Tod darf uns nicht länger tyrannisieren...«[21]: mag sein – aber holen offenbar doch? Und viertens: »Schließlich darf uns auch das Leid nicht mehr verknechten...«: es ist ihm nämlich sein »Stachel« genommen – »der Stachel der Sinnlosigkeit. Denn wir wissen, daß ›höhere Gedanken‹ über allem gedacht werden, was uns trifft...«[22]: weshalb man sich ergo die eigenen Gedanken sparen kann. Was geschieht hier? Imgrunde etwas ganz Einfaches: Zum einen werden bloße Transzendenzphantasien mit dem Wortschatz der Wirklichkeit vorgetragen (»die Welt überwunden«) und somit unter der Hand als erfahrungs-immanent vorgespiegelt: ein altes Taschenspiel der Theologie; und zum anderen wird die Verdrängung des Nachdenkens und Nachfühlens von Erleidnissen mithilfe der Illusion, daß ein G sei und daß er so und so sei, anempfohlen. Denn »das Negative hilft einem nicht, auch wenn es wahr ist.«[23] Wie weit man es mit solcher Verdrängung bringen kann, wieviel Distanz man zwischen sich und das Menschliche Leben legen kann, demonstriert der Startheologe allein schon stilistisch, wenn er in salopper Seelenruhe von den »Leidenssituationen großen Stils« redet, »in denen es vielleicht um Konzentrationslager und um ›Gut, Ehr, Kind und Weib‹ geht«[24] (das lassen die Christen seit Luther ja ohnehin gern »dahinfahren«), oder pastoral umwölkten Geistes den »großen Heerbann der vom Leid Überschatteten« dekorativ »vorbeidefilieren«[25] sieht. So beunruhigten ihn auch schwere Bombenangriffe zu Beginn seiner Laufbahn nicht weiter: »Der Christ weiß, daß in Gericht und Gnade der Vater Jesu Christi durch die Feuerstürme schreitet.«[26] Dies »weiß«, nebenbei, »der Christ« keineswegs, sondern manche Christen bilden es sich nur erfolgreich – und folgenreich – ein. Als er einmal kurz überlegt, was »uns« eigentlich »genauso wie jeden anderen schmerzt«, fällt ihm in der Eile nur ein: »wenn uns der liebste Mensch von der Seite gerissen wird« und »wenn wir in der Klinik körperliche Qualen zu erdulden haben.«[27] Doch wer stets eine Klinik zurhand hat, wenn er leidet, kann so schlimm dran nicht sein, und der Verlust liebster Menschen, das »Verwehen der besten Körner«, wie er mit schöngeistiger Routine faselt, wird rasch verwunden: es ist ja bloß »ein Geborgenwerden in den ewigen Scheuern.«[28] Nur schwer begreift der Startheologe, daß die Menschen so ungern leiden, wo doch »die ewigen Arme unter uns gebreitet sind. Wenn wir schon fallen, dann fallen wir nun da hinein«[29], und daß sie sich, von Christus selig gepriesen, nicht lieber jenem Zustand hingeben, für den er das angemessene Irrwort »Leidensseligkeit«[30] geprägt hat: sind sie doch »von lauter fröhlichen Überraschungen förmlich umgeben, weil sie erfahren sollen, wie unglaublich pünktlich G mit seiner Rettung zur Stelle ist.«[31] Kann, wer so etwas über die Lippen bringt, etwas vom Elend der Welt wissen, gesehen haben? In Hongkong, wo er auf einer Welt-Anschauungsreise Station macht, braucht der Startheologe optische Hilfsmittel dazu: »Allmählich findet das Fernrohr auch die trüben Hänge mit den Hütten erbärmlicher Armut ...«[32]: kaum zu sehn, so klein (und in den über 3000 Seiten der vom Startheologen verfaßten ›Ethik‹, die ihn in Gestalt von Korrekturfahnen auf dieser Reise begleitet, kommt das ›Leiden‹ nicht ein einzigesmal als Stichwort vor: so klein). »Von den Höhen aus gesehen«, auf denen der Startheologe wandelt, wirken die Armen und Elenden, die sich auf den flachen Dächern der Gesellschaftsbauten Baracken und Verschläge errichtet haben, »wie Läuse in den Perücken der Normalbürger oder wie Grind auf der Kopfhaut der Gesellschaft ...«[33]: wie, sollte man vielleicht am besten mit Vertilgungsmitteln gegen sie vorgehen? Die Gegenwärtigkeit dessen, was hinter solchen Metaphern lauert, läßt selbst einen unerschrockenen Leser startheologischer Werke zusammenfahren –: vielleicht begreift man, wie ein so unendlich gütiger Mensch wie Nietzsche zu seinem späten Dekret kam, gegen den Priester habe man nicht Gründe mehr, man habe das Zuchthaus ...

Hat der Startheologe etwas vom Elend der Welt gesehen? Hat er einmal die Angst gespürt, die ein Widerschein dieses Elends ist auf den Innenwänden des Ichs? Offensichtlich – und das ist sehr vorsichtig gesagt – offensichtlich nicht. Zwar bekennt er einmal Angst vor dem Telefon, weil dessen Technik »als Erscheinung einer neuen Allmacht so etwas wie eine religionsähnliche Bedeutung«[34] für ihn gewinnen könnte, und das will er nicht, weil er ja schon seinen G hat; doch im übrigen hat eben dieser G alle Angst in ihm verdrängt. Was bislang noch als fatale Ungenauigkeit des Fühlens erscheinen mochte, ist ein Mangel im untersten Grund: er kann gar nicht anders, als er will. »Es kann mir nichts geschehen, als was Er hat ersehen und was mir selig ist!« ruft er blasierten Gesichts den »Mächten der Bedrückung« mit den Worten Paul Gerhardts zu und stellt alsbald jedes weitere Grübeln darüber ein: »Es sind auf jeden Fall, wie hart sie auch mit uns verfahren mögen, besiegte Mächte.«[35] Es bedarf nicht eigens des tiefen Satzes Kierkegaards über den Zusammenhang von Angst und Originalität eines Menschen, um das Plakettenhafte dieser frechen Dutzendworte aufzuzeigen; es bedarf keiner weiteren Vorführung dieses zigfach abgelaugten Lügenschalls, um zu beweisen, daß der Konstitution des Startheologen das letzte, tiefste Fundament fehlt. Seine Vermutungen über ›den Menschen‹ bleiben mithin, selbst wenn alles andere an ihnen erklärbar, entschuldbar wäre, immer noch dies: bodenlos. Keine seiner Welt-Wahrnehmungen reicht an jene Schwermut gegenüber den Dingen heran, die Voraussetzung aller Erkenntnis ist und deren höchste sittliche Funktion es sein muß, sich kraft dieser Erkenntnis selber zu überwinden, – erreicht auch nur die Außenbezirke dessen, was hier, im Kanon der Stichworte, mit denen ein sehr komplexer Tatbestand wenigstens abgesteckt werden soll, Pessimismus heißen möge. Das aber ist: nicht, wie der Bürger meint (und der Startheologe höchstwahrscheinlich mit ihm), der notorische Böse Blick, die dunkle Brille vor dem Weltanschauerauג', sondern: die oberste Disziplin des Denkens – und damit extremer Gegensatz zur Theologie. Die aber ist:

der riesenhafte Versuch eines Umwegs um diese Disziplin. Kann der Theologe Relevantes über ›den Menschen‹ denken? Kann bei dem von ihm Gedachten Relevanz auch nur vermutet werden?

Was der Mensch sei, – die Frage läßt der Startheologe dreimal aus den Psalmen auf sich zuschallen, um sie sodann mit derart strahlendem Leichtmut zu beantworten[36], als handle es sich um das Heitere Beruferaten mit Robert Lembke: Der Mensch ist ein Nichts, das gleichwohl von G aufs höchste geschätzt wird. Das darin in der Neuzeit, der Zeit der gewachsenen astronomischen Einsichten, verstärkte Inferioritätsbekenntnis muß innerhalb der Psychomechanik der Großbekenner starke Bewegungsschübe freigesetzt haben, bestimmt dazu, den großen Verlust wieder zu ergänzen –: Religionspsychologen könnten vieles daraus deduzieren. In der Tat scheint sich aus dieser Gegenkraft beim Startheologen das so widersprüchliche Phänomen erklären zu lassen, daß ›der Mensch‹ bei ihm in der Praktik alles das wieder an sich trägt, was er in der Theorie zuvor abgab – alias: daß er nicht etwa, um es mit Worten Gs zu sagen, »böse ist von Jugend auf«, sondern im Gegenteil gut, nützlich, einsichtsvoll – kurz, ein Prächtiger Mensch. Unermüdlich, wie von Zwang getrieben, läßt der sehr weitgereiste Startheologe seine Prächtigen Menschen Revue passieren – bis er am Ende selber mit ihnen verschmilzt und der Zwang seine Zwecke freigibt –: den »prachtvollen Deutschlehrer«, der die Schulaufsätze des jungen Startheologen »so ernst nahm«[37]; den Adjutanten in Amerika mit »seinem prächtigen treuen

Gesicht«, der sich »den ganzen Tag überlegt, was er mir Gutes tun kann«[38]; den »prächtigen, theologisch gegründeten Leiter der Christlichen Akademie in Südafrika«[39], der beim Startheologen studiert hat; den »prachtvollen, originellen, voller Schnurren und Seegarn steckenden Kapitän«[40] eines den Startheologen nach Algerien transportierenden Tankers; den Zweiten Ingenieur eines ebenfalls mit dem Startheologen bis an den höchsten Bord beladenen Schiffes, einen »prächtigen alten Seebären«[41], dem die Kommunisten übel mitspielen; und so fort. Wer nicht ausdrücklich »prächtig« ist, der ist dafür »sehr munter und überhaupt ein netter Kerl«; der hat ein »braves Gesicht« und oftmals auch einen »guten Kern«; der baut, sofern er deutscher Kaufmann ist, »zäh und unbeirrbar« immer wieder auf; der wird zuweilen ein »wirklicher Freund«; ist »besonders sympathisch«; ist »nett, unbekümmert und unverbogen«[42]; – genug. Mit Damen ist der Startheologe meist »besonders verbunden«[43] (und jene eine, die ihm in Los Angeles vor einer Predigt ein herzliches »Viel Spaß auf der Kanzel!« zurief [44], hätte wahrlich das Prädikat eines Prächtigen Menschen verdient gehabt – bei soviel Seelenkenntnis!). Manche Menschen werden erst nach längeren seelsorgerischen Bemühungen des Startheologen prächtig – so etwa ein fluchender Kapitän, dem er als erfahrener Christ die Verdrängung anrät und das »immerhin mit ›Sch...‹ anfangende und deshalb guttuende ›Shanghai‹« als Ersatzwort vorschlägt: der Mann blickt »dankbar« und spricht's mit Nachdruck[45]. Ein anderer hat den Startheologen für einen

»fiesen« Startheologen gehalten und es ihm auch geschrieben; aber natürlich war er »einer Zeitungsente aufgesessen« und wandelt sich schnell zum Prächtigen Menschen, der den Startheologen nunmehr »nett« findet[46]. Sofern es richtig ist, daß man einen Menschen auch an den Feinden erkennt, die er hat, könnte der Startheologe mit guter Aussicht unerkannt bleiben: denn er hat keine. In seiner Welt sind Böse oder gelinder Unprächtige Menschen so wenig zu finden, daß man meinen könnte, er sei überhaupt unfähig zur Feindschaft. Natürlich gibt es kleine Ausnahmen, so etwa die Rezensenten seiner Werke, über deren »Elaborate« er »beunruhigt« ist[47], – oder Sartre, der »vielleicht ja in manchem ein giftiges Insekt« [48] ist für ihn (das Warum können Sie unschwer erraten: weil er »im Abgrund der Angst« denkt statt »vom Herzen Gs aus«, wie der Startheologe empfiehlt und wo sich's nach seiner Ansicht »gelassener und objektiver« denkt[49]), – oder eben die Kommunisten. Sie hat der Startheologe in Ostasien besichtigt, und sie mißfallen ihm sehr. Zwar sehen manche äußerlich fast wie Prächtige Menschen aus, sie wirken »heiter und gelöst« und heucheln ein »freundliches Wesen«; doch binnen kurzem sind sie »völlig verwandelt«, ziehen bei Erwähnung der Bibel »höhnische Grimassen« und sind mit daran schuld, daß der Startheologe in eine »nette Genickschußstimmung« gerät[50]. Da kehrt er doch lieber in seine geordnete Puppenwelt zurück, in der »alles Menschen sind wie du auch« [51] (nicht etwa ›wie du und ich‹ –: lauter Startheologen? – das ginge ja denn doch zu weit) und in der noch die winzigsten

Nichtigkeiten beschaulich zu beglücken vermögen: »Gegen Morgen wurde ich wach, weil ich fror, und deckte mich dann zu. Im Halbschlaf freute ich mich, ein bißchen gefroren zu haben, und dachte ...«[52]: lassen wir, was er dachte ...

Was der Mensch sei, – nimmt man die Schilderungen des Startheologen beim Innersten, so erkennt man hinter allen Physiognomien stets den Einen, Einzigen, den zu erhöhen sie vorgetragen wurden. Alle ihre Züge sind Gegenthesen gegen die vom Dogma verlangte Inferiorität; alle ihre Züge sind im Mißlingen zugleich deren Bekenntnis. Das Zwanghafte, das sie haben, spiegelt den stärkeren Zwang, der anders zu Worten nicht käme: am Ende doch und doch zu bekennen: Er sei ein Nichts.

Er sei »sicher ein Liebender«, behauptet der Startheologe und fragt hinterher: »Aber wen liebst du und wie erlebst du deine Liebe?«[53] Einiges ließe sich bereits jetzt darauf sagen ... Gott und Mensch – es sollen Gegensätze sein. Göttlichkeit und Menschlichkeit – sollten es Gegensätze sein? Der Christ der Letztzeit, der »vom Herzen Gs aus« denkt – es könnte sein, daß er dies wäre: der Antimensch, der Unmensch.

3. Der Politiker

Es ist nichts schrecklicher als eine thätige Unwissenheit.

Goethe[54]

Die »Leidensseligkeit« –: sollte der Einfall, »daß wir in alledem nichts anderes erduldeten als das heilige Leiden des Herrn selber und daß wir also, indem wir sein Kreuz trugen, seiner Gemeinschaft gewürdigt wurden«,[55] – sollte dieser irrwitzige Einfall allein die flotte Eleganz erklären, mit der sich der Startheologe über das Grauen des Weltkriegs verbreitet? Sollte dies allein imstande sein, die Überzeugung zu produzieren, es würde »uns, wenn die Verfolger aufs neue ins Jagdhorn stoßen werden, auch hoffentlich wiederum trösten«[56]? Es besteht ein sehr dunkler, dumpfer Zusammenhang zwischen der glatten Bonhomie, mit welcher der Startheologe eventuellem künftigen Halali des Terrors entgegenhorcht, und den beschwichtigenden Gesten, mit denen er den »›Stil‹ der göttlichen Gerichte« – nämlich das schon erwähnte »schweigende Gewährenlassen«[57] – propagiert; es besteht ein sehr dunkler, dumpfer Zusammenhang zwischen der gekonnten Manier, das genannte Kreuz zu tragen wie einen Spazierstock, und der aus geduckten Wünschen komponierten Scharade vom Prächtigen Menschen. »Durch Gericht und Strafe ist noch nie ein Mensch gesund geworden. Das nur Negative macht uns immer bloß krank«[58] –: wie, galt es die übriggebliebenen

Banditen auf Erholung zu schicken? »G ist immer positiv und macht alles neu«[59] –: ein Christentum, das solche strahlenden Gräßlichkeiten hervorsprudelt, ist stets zufrieden mit dem Lauf der weislich geordneten Welt. Es läßt mit sich reden, es ›ist nicht so‹, es kann auch ›so‹ oder ›so‹ oder ›so oder so‹ sein. Kurz, im Jargon der so Seienden: es ›steht aufgeschlossen gegenüber‹. Besichtigt man aus einigem Abstand die Geschichte dieses positiven Christentums (man soll das freilich nicht, denn »die Vogelperspektive«, formuliert der Startheologe in der ihm eigenen Weise – id est: »der Versuch, sich über die Geschichte zu erheben, um ihrer ansichtig zu werden« – »ist nichts anderes als die illegal erraffte Transzendenz«[60]) – überblickt man dieses positive Christentum, so scheint es mitunter, als habe es alles darauf angelegt, dem berüchtigten Satz Hegels »Das, was ist, zu begreifen, ist die Aufgabe der Philosophie, denn das, was ist, ist die Vernunft« – dem laut Kurt Hiller »schmierigsten Satz der Weltliteratur«[61] – die wohlmöglich noch schmierigere Variante abzugewinnen: »Das, was ist, zu bedienen, ist die Aufgabe der Theologie, denn das, was ist, ist – –«: nun, dafür – für die Geschichte – gibt es verschiedene Formeln, etwa: »– – der Raum, in den man berufen wird, um aus der Ferne in die Gemeinschaft mit G zurückzukehren«[62]. Die Welt als besinnlich getönte Bambocciade. »Nicht nur die Steuermänner der Geschichte, die ›weltgeschichtlichen Individuen‹, sind es, die das Schicksal der Welt bestimmen, sondern auch die stillen Hüter und Hüterinnen, die Sanftmütigen des Neuen Testaments«[63]: wie wahr, wie wahr. (Obschon er das natürlich anders gemeint hat; aber Geständnisse sind meist ›anders‹ gemeint ... Und wenn er gelegentlich getragenen Tons verkündet, daß »das Gesangbuch immer über einem steht«[64], dann meint er das zwar ebenfalls anders, doch ist es darum nicht weniger wahr) ...

Die Achtung vor Wunden, selbst beim Gegner, könnte wünschen machen, es ließe sich vermeiden, den Startheologen nach der Zeit zu fragen, da er noch der Stille Hüter und Sanftmütige war. Es geht nicht an. Denn dieses Trauma scheint Schlüsselwert zu haben, löste seine Berührung doch Reaktionen aus, die für den Startheologen schlechthin katastrophal sind: die jähe Trübung seiner Welt der Prächtigen Menschen, in die er plötzlich, grell wie noch nie, das Widerbild eines »ordinären Schmutzschleuderers« mit »psychopathischen Zügen« und »gossenhafter Frechheit«[65] malte, und die mit Abstand bizarrste Paradoxie seines Denkens, darin bestehend, daß er – nachdem kein Vorfall der Nachkriegsgeschichte ihm jemals auch nur ähnliches hatte entlocken können – ausgerechnet antifaschistische Protestmaßnahmen zum Signal der Heraufkunft eines neuen Faschismus erklärte. Sollte dies bloß einmal mehr nur der ›Mensch mit seinem Widerspruch‹ sein? Herr Wenke, um den es da geht, ist sein »Freund« und »alter akademischer Kampfgefährte«[66] aus der Tübinger Zeit, und daß der Startheologe sich an die Seite des von solcher Gegnerschaft überforderten alten Mannes stellte, ist menschlich aller Ehren wert; doch warum geschah es derart blind und tölpelhaft? Nein, es bleibt nichts übrig, als auch hier einmal kurz die Transzendenz illegal zu erraffen.

Jugendbewegung – Burschenschaft – SA –: der ersten Station dieses Werdeganges rühmte er noch Jahrzehnte später »Höchstgehalt des Erlebens« nach, von den »Nachtwanderungen« bis zur »Schummerstunde im Zelt«[67]; auf die zweite blickte er 1965 als Festredner der Feier des 150. Gründungstages zurück, vor gewiß dankbarem Publikum gegen die »Freiheitsideologie« der »skeptischen Generation« predigend[68]; die dritte ist ihm heute so peinlich wie ehedem. »Korporativ in die Anwartschaft überführt«, mußte er eine Zeitlang »den Titel eines SA-Manns erdulden«[69] –: man darf ihm glauben, daß es ihm so lästig war, wie er schildert, zumal er die Gründe naiv genug erzählt: »Mein Widerwille war zunächst nur ein Sich-Sträuben des humanen Geschmacks. Erst allmählich begann ich zu begreifen, daß –« ja, da haben wir es wieder: »– daß die Hölle dabei im Spiele war und daß also mehr von einem gefordert sein würde als die bloße Abwehrreaktion des Widerwillens.«[71] Dies Mehr muß interessieren: war es ein Mehr als die bloße *actio pro domo*? Denn diese Differenzierung müßte vor jeder Erörterung über geistlichen ›Widerstand im Dritten Reich‹ stehen: ob es ein tätiger Widerstand war gegen das Regime oder nur ein privat-begründetes Nein zu dessen Ideologie. Die Kirchen haben mit Grund stets Wert darauf gelegt, daß beides verschwimme: daß man verwechsle, was für die geschundene Menschheit getan wurde und was bloß für die alte Mutter Kirche –: die Kirchen haben, als Institutionen, zu jedem

Zeitpunkt der Banditenherrschaft ausschließlich dies letztere getan, und zwar nicht anders, als wie sie es gegen jedes Staatssystem tun würden und werden, das *ihre* Herrschaft zu schmälern suchte, das vernünftige, geistige der Zukunft inbegriffen. Tat der Startheologe »mehr«? 1936 habilitiert und nach Heidelberg berufen (wo »prachtvolle Studenten« seiner harrten[71]) hatte er bald Haussuchungen und Verhöre bei der Gestapo zu erleiden –: wofür? Die eigene Berichterstattung wird hier bedauerlich unklar, und Vermutungen, die sich aus den wenigen Beispielen ergeben, müssen um dieser Unklarheit willen Vermutungen bleiben. Einmal hielt er »eine Protestvorlesung ... und erregte damit einiges unliebsame Aufsehen« –: um was mag es sich gehandelt haben? Darum, daß »unsere Theologiestudenten mit diffamierender Begründung vom ›Erntehilfe-Einsatz‹ der deutschen Studentenschaft ausgeschlossen wurden«[72]. Ein andermal war Haussuchungs- und Verhörsgrund »ein öffentlicher und sehr scharfer Einspruch gegen widerwärtige Exzesse des ›Stürmer‹-Herausgebers Julius Streicher«[73] –: um was mag es sich gehandelt haben? Der Startheologe teilt es nicht mit. Stattdessen teilt er mit, daß es auch bei der Gestapo, wie zuvor bei der SA, Prächtige Menschen gegeben habe; der Mensch, auch der deutsche Mensch, ist imgrunde, wie gesagt, gut. 1940 wurde ihm dann »der Talar, unter dem ›der Muff von tausend Jahren‹ sein soll, mit Gewalt ausgezogen«[74]; er zog dafür eine Weile lang den mit dem Muff von zweitausend Jahren drunter an. Sein Reden auf der Stuttgarter Stiftskanzel erlebte er als »Ohnmacht«: es »verhallte damals, hat aber den später Ernüchterten dann doch als Zeugnis gedient«[75] –: wofür? Da der Startheologe Predigttexte von damals für die spätere Publikation »gründlich überarbeitet« und nur hier und da das, wie er sagt, »Zeitkolorit« erhalten hat[76], lassen sich den wenigen verfügbaren Unterlagen keine Vermutungen abgewinnen, mit denen man nicht zumindest das Risiko einginge, ihm Unrecht zu tun. Nur soviel läßt sich sagen: Es handelt sich dabei um gutgeölte Homilien über unverfängliche NT-Texte, und wo die Vorlage einmal etwas Verfängliches bringt, wie in der Geschichte vom Kanaanäischen Weib, dem der Nazarener die Absage erteilt: ›Ich bin nicht gesandt denn nur zu den verlorenen Schafen von dem Hause Israel‹[77], da ahmt der Homiletiker so täuschend das »Schweigen Gs« nach, daß wohl keines seiner Gemeindeglieder auf den Einfall kam, es hätte sich darüber doch so mancherlei Nachdenkliches sagen lassen. Vermutlich wollte er dem gerade am Hause Israel sich vollziehenden Heilsprogramm Gs nicht in den Rücken fallen –: wieso eigentlich mußte er zur Gestapo? Auch das alte und für viele Leute immer neue Problem »Wie kriege ich einen gnädigen G?«[78] ist nicht eben staatsgefährdend; im Gegenteil, darüber läßt sich unter jedem Regime trefflich plaudern –: wieso mußte er zur Gestapo? »Ich sah damals« (während der SA-Zeit im Anfang) »noch (!) keinen Anlaß, mich durch eine feierliche Bekenntnis-Proklamation loszusagen ...«[79]: sah er diesen Anlaß je? »Obwohl ich ›keusch‹ in meinen Worten blieb und später keine Enthüllungen zu fürchten brauchte, band ich nicht jedem Nazi meine politische Gesinnung auf die Nase ...«: wieso eigentlich nicht; der Nazi hätte sich doch vermutlich sehr gefreut darüber! »Diese Heuchelei führte mich gelegentlich (!) zum Ekel vor mir selbst, und manchmal (!) meinte ich, ich müßte mir die Hände waschen«[80]: in Unschuld.

Hier ein letztes Bekenntnis dieser Unschuld – Schluß eines vervielfältigten »Freundesbriefs« vom November 1944 –: »So werdet ihr es nicht als billigen Optimismus auffassen, wenn ich sage: ›Kopf hoch!‹ Auch im Neuen Testament ist einmal von erhobenen Häuptern die Rede und also wohl von Leuten, die beim Trommelfeuer der Ereignisse nicht in Deckung gehen (soldatisch ausgedrückt: die Schnauze in den Dreck nehmen), sondern die Köpfe hochheben, weil sie jemanden kommen hören – von der anderen Seite – und weil sie plötzlich eine Ahnung gekriegt haben, daß die Leute, die da so scharf schießen, selber in eine strategische Konzeption einbeschlossen sind, von der sie keine Ahnung haben, und daß der, der da kommt (und dem sich unsere Häupter entgegenheben), sie alle zum Narren hält. Aus dem Trommelfeuer wird ein Hornberger Schießen, aus dem ›Gedenken, es böse zu machen‹ der Menschen wird das überwältigende Gutmachen Gs, aus den listigen Anschlägen des Teufels wird ein Akt der göttlichen Heilsgeschichte (nichts Geringeres!) – und es kommt alles, alles anders, als wir denken, und alles, alles genau so, wie wir es in den verwegensten Augenblicken unseres Glaubens zu hoffen wagen.«[81]

Erkennen Sie den Stil dieser hymnischen Demenz –

erkennen Sie, was aus diesem Neanderthal des Denkens die Köpfe hob, als das große Hornberger Schießen endlich verstummt war –? Es ist jener Akt der göttlichen Heilsgeschichte, der Deutsche Nachkriegspolitik heißt – nichts Geringeres; es ist jener Pakt mit der göttlichen Heilsgeschichte, der Christliche Politik heißt.

Der Startheologe begibt sich selbstredend sogleich in den Dienst dessen, der alle zum Narren hält: Er beklagt die »Tragödien«, die der »schreckliche Mechanismus der Entnazifizierung«[82] mit sich bringt, besucht die Internierungslager, um Tausende von SS-Männern zu bepredigen (die im Handumdrehen zu Anwärtern auf den Stand des Prächtigen Menschen geworden sind: »Die Art des verzweifelten und suchenden Hörens ist mir unvergeßlich ...«[83]), und binnen kurzem ist genügend Gutes Gewissen ausgeteilt, um das schlechte in die Balance zu bringen; binnen kurzem ist der große Schock entschärft und um seine Wirkung geprellt; binnen kurzem ist sie gelungen, die Nivellierung, Beschwichtigung, Dämpfung: die Restauration. Dreizehn Jahre später kann der Startheologe bereits befriedigt konstatieren, »wie unwirklich der Spuk von einst geworden ist«[84] –: der ›Spuk von einst‹ – ist das nur der mißratene Ausdruck eines Schwatzenden, der imgrunde alles ›ganz anders‹ meint? Dreizehn Jahre haben genügt, um die Restauration gelingen zu lassen, die in hundert nicht hätte gelingen dürfen. Dreizehn Jahre genügen, um einen Tätigen Unwissenden zum Startheologen zu machen. Unermüdlich ist er tätig während dieser Zeit: auf

Kanzeln und Kathedern, als Eröffner von Tierärzte- und Mathematikerkongressen, als Siegerehrer bei Sportfesten und Jubiläumsredner bei Apothekertagungen[85], vor Wirtschaftlern, Managern und Magnaten jeder Couleur; frisch und fröhlich wie nur ein Jugendbewegter ist er zur Stelle, wenn es gilt, irgendeine Fatalität zu harmonisieren; mit immer flinkeren Fingern schlägt er die Klampfe des Heilsplans über der mißgeborenen Welt ... Christliche Politik.

Und so kommt denn immer häufiger die Gelegenheit, die Politiker macht. 1957 hält er »auf dem Bundesparteitag der CDU die Grundsatzrede«[86] und erbaut sich an dem »großen Erlebnis« der »Begegnung mit Adenauer«, den er »als menschliche Gestalt aus allen üblichen Kategorien herausfallen«[87]sieht. 1963 zelebriert er dann »als erster Deutscher den monatlichen Militärgottesdienst im Pentagon« (»Im Anschluß daran aßen wir in den Privaträumen des Verteidigungsministers mit vielen führenden (!) Chaplains und hohen Militärs«: eine exemplarische Gesellschaft)[88] –: sehn Sie, das ist der Unterschied zwischen einem Agnostiker und einem Startheologen: Während der eine bei dem bloßen Gedanken, daß im Pentagon Gottesdienste verrichtet werden, aus dem Schlaf fahren könnte, packt den andern »ein schrecklicher Zorn« (»der sich leider auch etwas unbesonnen Luft machte«), als er bei einem Besuch im »riesigen Palast (!)« der Vereinten Nationen in New York (»in dem die maßgebenden Führer der Völker (!) zusammenkommen, wenn es einmal kriselt (!), und in dem sie nach Fluchtwegen (!) vor neuen Kriegen suchen«) feststellen muß, daß es dort keine Kapelle gibt, sondern nur einen Meditationsraum –: »Offenbar soll man also dort nicht beten, sondern nur meditieren, sich sammeln ... Sollten sie nicht lieber den Herrn der Völker anrufen, als mit ihren hilflosen Gedanken alleine zu bleiben?«[89] Da das eine Frage ist, beantworte ich sie –: Nein, sie sollten es nicht; sie sollten jeden, der ihre Meditationen und Beratungen mit Tiraden vom Herrn der Völker stört, hinauswerfen.

Ein »großes Ereignis« im Leben des Startheologen, der Höhepunkt vielleicht, wird der 17. Juni 1962, wo man ihn im Bundestag das halten läßt, was er selber bezeichnend die »Festrede«[90] zu diesem Ereignis nennt. Verantwortlich war das Innenministerium; mitschuldig wurden Funk und Presse durch weiteste Verbreitung: der Wunderlich-Verlag machte ein Buch daraus, die Deutsche Grammophon eine Schallplatte; sogar die Wirkung wurde zu einem Buch verarbeitet[91]. Nun hatte gewiß niemand mehr erwartet, der Startheologe werde, als einer, der beruflich mit ›der Wahrheit‹ zu schaffen haben will, die Gelegenheit nutzen und dem damals regierenden Greis wenigstens dies sagen: daß er, der für die Annäherung der beiden deutschen Staaten so wenig tat und gegen sie so viel, kein Recht besitze, den Aufstand für sich zu reklamieren und seinen öden Restauratismus mit der Festplakette der Revolution zu schmücken; – ein Kräher hackt dem anderen kein Auge aus; – doch daß der Startheologe sich der Bonner Gemeinschaft der Heiligen gar so glatt einpassen würde, daß er ihnen gar so gekonnt die Hände in Unschuld waschen würde, kam doch erfreulich vielen überraschend. Die Rède ist ein wirr vermantschtes Kompositum aus Sonntagsrhetorik, geschickt auf Nebensachen verlagerten Bußrufen und unverblümten Thesen für die Zukunft, wie sie so offen und naiv bis dahin noch kein Bonner Orator pro domo riskiert hatte: – was Wunder, daß die Veranstalter ihm anschließend besonders warm die Hand drückten ...

Den Ausgangspunkt bilden tragische Moll-Arpeggien über das »Rütteln der Brüder an ihren Ketten«, den »von den Tyrannen aufs neue verwundeten und schmerzvoller als je zerstückelten Leib unseres Volkes« sowie die »sich in einem einzigen Schrei nach Freiheit entladende Qual von siebzehn Millionen«[92]: sie sind, selbstredend, einzig Kolorit und an niemandes Adresse gerichtet. Es folgen gezieltere Klagen: über »die Sozialpartner«, die »mit ganz anderen Fragen beschäftigt sind« (als den »Schicksalsfragen unseres Volkes«) und »im Schatten der Mauer um (!) Tarifprobleme feilschen«, sowie über »unsere Jugend«, die nicht bekommt, was sie so gern haben möchte: etwas, »für das es sich lohnt, das Leben einzusetzen« –: 1946 hatte er bereits, in einer Schrift über ›Weltanschauung und Glaube‹, die »hohe Bereitschaft, für eine Idee zu sterben« neben dem ›Faust‹, der Mutterliebe, der Matthäuspassion u.a. mit als »Sinn unseres Lebens« aufgezählt[93]. Es folgen noch gezieltere Klagen: über die Pressefreiheit, mit deren Mißständen er Mißstände des Geschmacks verwechselt, und über den staatsbürgerlichen Unterricht, der ihm »viel zu aufklärerisch, viel zu rationalistisch« ist, um der Freiheit, die er meint, den Weg zu ebnen. Die Freiheit, die er meint, grinst aus jenem Satz Paul de Lagardes hervor, den er bei jeder Gelegenheit, theologisch aufgeschminkt, feilhält: »Freiheit heißt nicht, daß wir tun können, was wir wollen, sondern Freiheit heißt, daß wir werden dürfen, was wir sollen.« Wer das im einzelnen bestimme, »was wir sollen«, wird nicht ausdrücklich mitgeteilt; es läßt sich aber unschwer aus den weiteren Anträgen erraten: man möge »das Vaterland« mehr lieben, verlangt er – und gibt an, was er unter ›Vaterland‹ versteht: »die ganze Fülle dessen, was ich in dieser Welt liebe«, also Weib und Kind, Haus und Hof, Acker, Vieh und alle Güter. Und ganz zwanglos fällt ihm dazu weiter ein: »Wenn wir die Gefallenen der letzten beiden Kriege fragen würden – ihre Briefe, die ja veröffentlicht sind, erlauben uns diese Frage –, wenn wir sie fragen würden, was ihnen nahegewesen sei und ihnen die Kraft zu ihrem Opfer gegeben hat, dann antworten sie einmütig mit diesen Räumen und Gestalten, die das Wort Vaterland umschließt ...« Ob einem Mann, der von dem soeben stark angepriesenen Begriff ›Vaterland‹ so geläufig auf den Begriff ›Kriegsgefallene‹ kommt, wohl begreiflich zu machen ist, daß die dreieinviertel Millionen deutschen Soldaten, die allein im letzten vom deutschen Staat (id est: »der politischen Gestalt dieses unseres Vaterlandes«) verschuldeten Weltkrieg fielen, mitnichten krafterfüllt zur Opferung antraten, als das Vaterland zur Opferung aufrief, – sondern daß sie sich, gezwungen und gepreßt durch das, was Karl Kraus eine »Naturinsulte«[94] nannte, nämlich die Allgemeine Wehrpflicht, die in Deutschland zumeist eine Allgemeine Angriffspflicht war, in eine Gefahr begaben und darin umkamen?! »Wenn unser Staat nicht als die politische Gestalt dieses unseres Vaterlandes und auch des Vaterlandes unserer abgetrennten Brüder in den Herzen verankert wird, bleibt es bei Kühle und Distanz und dann auch bei jener blasierten Kritik, die wir alle kennen. Dann lebt die Demokratie in der Vorstellung unserer Jugend als eine Ansammlung von Büroschränken und Schreibmaschinen in Bonn, zwischen denen sich alte und mittelalterliche Männer bewegen. Büroschränke aber kann man nicht lieben.« Abgesehen einmal von dem Euphemismus der ›alten Männer‹ und der dümmlichen Vertauschung von Staat und Demokratie –: ob einem Mann, der dauernd an den Herzen seiner Mitmenschheit herumfingern muß und dem Kühle und Distanz schrecklich sind, wohl begreiflich zu machen ist, was auch unseren Regierenden so schwer in die alten und mittelalterlichen Gehirne will: daß sie ein Stab sind von Angestellten des Volkes, die mit einem Maximum an geistiger, moralischer und funktioneller Qualifikation den ihnen mit fester Kündigungsfrist übertragenen Posten verwalten sollen, – und nichts weiter? Und daß sie vor Gericht gehören und nicht in den viel zu hoch dotierten Ruhestand, wenn sie auf diesen ihren Posten das begangen haben, was in der Privatwirtschaft Veruntreuung ist? Daß man sie statt dessen lieben solle, – diese These des Startheologen hat zu Bonn gewißlich ungemein gefallen; am liebsten würden die Herren ja überhaupt nur G verantwortlich sein: – gibt es noch Gründe anzunehmen, es werde so weit nicht auch noch kommen?

Fünf Jahre später, zum nämlichen 17. Juni, 1967, erschien der Startheologe mit exultanter Miene und suggestiv hantierenden Überrednerhänden auf dem Bildschirm, um chaotische Worte zum Sonntag von sich zu geben, diesmal über »den Frieden«; es war nichts dabei, was einen Krieger hätte stören müssen. Doch die große Leistung von 1962 wurde nicht eingeholt; sie blieb sein Meisterstück: der Balancierung, der Harmonisierung. Ihn hatte »die methodische Seite der Aufgabe« gereizt: »ohne Predigtstil als Christ eine weltliche Rede zu halten und sokratisch darauf bedacht zu sein, die Rückfrage nach den – selber nicht ausgesprochenen – Fundamenten der Gedanken zu entbinden ...«[95] Einige Antworten ließen sich geben ... Christliche Politik ...

4. Der Denker

»Was, es gibt keinen Gott?« rief der Abbé Mouret, sein Schweigen brechend.
»Gut, gut, wie Sie meinen«, antwortete Jeanbernat. »Fangen wir also ganz wieder von vorne an ...«

Zola[96]

Wie den meisten Christen, die vom Zustandekommen ihres Glaubens nicht viel wissen, macht auch dem Starttheologen »die alte Anfechtung der Gläubigen« zu schaffen, »warum es dem G-losen so gut geht.« Es gefällt ihm übel, daß »ihn unser Zeugnis nicht einmal zum Widerspruch reizt, sondern daß es für ihn einfach Luft ist«, und er schickt, anklägerischen Tons, die Erschwerenden Umstände gleich hinterher: »daß das für ihn Luft ist und daß das sich als nicht existent von ihm behandeln läßt, von dem unser Glaube aussagt, daß es auch sein Schicksal in Zeit und Ewigkeit bestimmt.«[97] Nun läßt sich der Behauptung, das Zeugnis der Gläubigen bestimme auch das Schicksal der Ungläubigen, und zwar gleich in Zeit und Ewigkeit, gewiß so manche Erkenntnis über die Triebkräfte der Gläubigkeit abgewinnen (sofern man es nicht vorzieht, schlicht einen syntaktischen Unfall anzunehmen, der das in Wirklichkeit Gemeinte entstellt und zugleich entlarvt habe), doch enthebt das nicht der Verpflichtung, dem Gläubigen hier mit allem Nachdruck beizustimmen: solche Zeugnisse, wie er sie hier zum besten gab, dürfen für den Denkenden unter gar keinen Umständen Luft sein! Vielmehr muß ihm mit aller Geduld immer wieder erklärt werden, warum der Denkende ihm und seinen Zeugnissen die Toleranz versagt, die er bei bloßen Fragen der Zimmerbelüftung selbst in schwerwiegenden Mißfällen nicht vorenthalten würde. Soweit die Frage, ob ein G sei, bloß eine Geschmacksfrage ist, mag man darüber ›streiten‹; ein ihm »sehr lieber Kollege« sagte vom Startheologen – mit speziellem Bezug auf die Kirchenmusik –, er habe einen schlechten Geschmack, aber man müsse ihn trotzdem gern haben[98] –: selbst das mag sein. Wo aber Aussagen gemacht werden, daß der angenommene G so und so sei, daß, weil er so sei, dies und das auf Erden so und so zu sein habe, und daß schließlich Einwände hiergegen darum unstatthaft seien, weil sie gegen ›die Wahrheit‹ gerichtet seien, hört die Toleranz der Streitbereitschaft auf, grundsätzlich und ohne Kompromiß.

Nicht nur »die Wissenschaft« wird, nach Goethes Worten, »dadurch sehr zurückgehalten, daß man sich abgiebt mit dem, was nicht wissenswerth, und mit dem, was nicht wißbar ist.«[99] Von G, einem ›Jenseits‹, ›der Ewigkeit‹ etwas wissen zu wollen, muß als unanständig bezeichnet werden –: es ist unser Schamgefühl, das hier zuckt – (nebenbei: könnte man aus dem Aufquellen des Christentums nach dem Kriege zuletzt auch auf einen allgemeinen Mangel an Schamgefühl schließen –?). Ob das als Wissen über G, ein ›Jenseits‹, ›die Ewigkeit‹ Angebotene dem Menschen notwendig sei – nicht, ob es ›wahr‹ sei –: das fragt unsere Vernunft – (es könnte, nebenbei, die Widerlegung der christlichen ›Wahrheit‹ selber sein, daß sie dies ist: unnotwendig). Als Mensch, als Politiker wurde der Startheologe an seiner Humanität gemessen – an seiner Humanität: das heißt, an seinem Schamgefühl und seiner Vernunft. Als Denker messe man ihn ebenso – an seinem Schamgefühl und seiner Vernunft. Was bloße Theologie bei ihm ist – von der unermüdlich mühlenhaften Propagierung Schöner Gefühle mit gewiß sehr hohem Liebhaberwert bis zu den flau luftigen Scheinbarkeiten seiner Scholastik – das alles mag denen überlassen bleiben, die professionell damit zu schaffen haben. »Daß die Bekanntschaft mit G das Leben langweiliger mache«, preist er uns zwar an, »kann man wahrhaftig nicht behaupten!«[100] Das mag wohl sein, und es liegt mir fern, die Lust gering zu schätzen, die es bereiten muß, sich während der Arbeit an einer 3000-Seiten-Ethik als Anwalt und Defensor der Höchsten Güter zu fühlen. Doch ist das kurzweilige Leben eines Theologen, die besinnliche Nabelschau eines Kostgängers alter Mythen, denn doch nicht Grund genug, von der eigenen Lebens- und Lesezeit gering zu denken. Seine Mutmaßungen über G mögen denn, soweit sie nicht allgemeine, den Menschen betreffende Forderungen und Schlüsse produzieren, seine Privatsache bleiben –: der Gläubige und der Denker ... wie gesagt.

Glauben und Denken –: die Entscheidung für die Theologie ist beim berufsuchenden Startheologen sozusagen a priori gefallen, und er scheut sich nicht, die Gründe dafür öffentlich bekannt zu machen: »Ich hatte das Gefühl, daß es in dieser Disziplin um das Letzte gehe. Das war freilich auch in der Philosophie so. Aber da ging es, so schien mir, im wesentlichen um geistreiche Solisten, während hinter der Theologie eine tragende Gemeinschaft stand. Hier war unter Einsatz des Lebens gekämpft worden ...«[101] Wir kennen dies Kriterium bereits; es ist eine seiner fixesten Ideen. Gleichwohl ist er zeitlebens die Versuchung nicht losgeworden, auf das Gebiet des Denkens hinüberzupaschen; es hat dies freilich immer ein bißchen vom Unerlaubten an sich behalten, und noch in den gewundenen Bewegungen seiner Syntax kriecht die Sorge mit, dabei denn doch vielleicht ertappt zu werden. »Immer wenn ich mal etwas Unrechtes getan hatte, ist es noch herausgekommen – sogar in einem anderen Erdteil ...«[102]: genau so ist es. Aber wenn er dann vorzeigt, was er da in den Anderen Erdteil hinübergeschmuggelt hat, geschieht es zugleich wieder mit derart entwaffnender Gemütsnoblesse, daß man ihm böse wirklich nicht sein kann, daß man vielmehr herzlich mit ihm lachen möchte, um ihm den Spaß nicht zu verderben. »Das ›Reich der Mütter‹«, scherzt er etwa angesichts chinesischen Familienlebens, dessen Herzlichkeit ihn verwundert, »west in einer Schicht, die unterhalb aller Differenzierungen zu liegen scheint.«[103] Und die Photoscheu der Asiaten entlockt ihm die neckische Frage, ob »hier nicht unter der Maske des Aberglaubens ein echtes Wissen um das Geheimnis des Bildes wirksam« sei[104]. Er denkt viel, in Thessaloniki und Kyoto, in Südamerika und Indien, in Skandinavien und der Schweiz; er kann es nicht ertragen, irgendeine Frage auf Erden ohne Antwort zu lassen, handle es sich nun um die malaiischen Tempora[105] oder den »metaphysischen Grund« eines Schlagers[106], – für alles hat er ein freundliches Scherzwort bereit. »Der Mensch hat die schöne Gabe kindlichen Staunens, und dieses Staunen muß unablässig gefüttert werden, weil es eben ein Genuß ist, staunen zu dürfen«[107]: so streift er mit lässiger Hand sogar schwierige Dinge wie das Prinzip des Lustgewinns (worunter er sich freilich sicher etwas ganz Falsches vorstellt). »Der Sonntag«, verrät er uns augenzwinkernd, »ist ein Gespenst, das beklommen macht«[108] –: hier gerät er allerdings schon wieder in galiläische Gefilde, und die Methode, durch Definitionen zu verundeutlichen, gehört denn auch zu den ältesten Techniken theologischen Witzes. Wie glaubensfroh ist nicht schon gelacht worden, wenn er solcherart etwa das Auto vorführte: »eine ins Leben gerufene fremde maschinelle Kraft, die sich ähnlich auswirkt, wie der Marxismus es von den maschinellen Produktionsmitteln behauptete«[109], oder wenn er als »das intimste Organ der Erinnerung«, das »das Irrationale des Lebens im Gedächtnis bewahrt«, ja »vielleicht das Gedächtnis selbst ist, seine sublimste Schicht« – die Nase präsentiert[110]! »Der Satz, daß die Gerade die kürzeste Verbindung zwischen zwei Punkten sei, gilt wirklich nur in der Mathematik«[111], ruft er den lauschenden Hörern zu und nimmt ihren rauschenden Beifall dankend entgegen –: stundenlang könnte er so unterhalten, tagelang, wochenlang: ein Denker, dem man es gern verzeiht, daß er es zwischendurch dann ab und an denn doch nicht lassen kann, sein metaphysisches Mütchen an einem zu kühlen –: es ist ja alles doch nur halb so ernst gemeint ...

»Ich habe eine unbändige Lust, alle Phänomene des Daseins theologisch zu interpretieren«, erklärte der Startheologe den Herren Harenberg und Pötschke vom ›Spiegel‹, als sie von ihm wissen wollten, warum er sich mit derartiger Betriebsamkeit als Arbiter sexualium aufführe[112], und lieferte diese Deduktion hinterher: »Hört der Mensch vielleicht im Schlafzimmer auf, ein Mensch zu sein? Natürlich nicht. Also bin ich auch im Schlafzimmer Gott verantwortlich. Also muß ich wissen, was da passiert.« Nun ist die Neugier der Kirchen auf diesem Gebiet durchaus nichts Neues; neu ist nur die verklemmte Liberalität, mit der sie vor den Schlüssellöchern Posten beziehen. Als einer ihrer liberalsten Vertreter gilt der Startheologe –: was das über den Rest der Vertreterschaft besagt, vermag jeder zu ermessen, der seine diesbezüglichen Kundtuungen gelesen hat (sie nehmen sich übrigens im ›Spiegel‹ gar nicht unharmonisch aus, und man wird daran erinnert, daß der Startheologe sich einige Zeit zuvor bereits öffentlich und ausdrücklich gefreut hatte, Rudolf Augstein »in einigem« zustimmen zu können[113] –: sollte der auch auf dem Wege sein, ein Prächtiger Mensch zu werden?). Tatsächlich könnte man eine Bemerkung wie die vom Sexus als einem »Born der Freude« ausgesprochen kühn finden – wo doch andere Bemerker mit trampeltierischem Ernst wohlmöglich noch sehr alte Definitionen der Erbsünde hervorkramen – : wer möchte eine Kirche nicht modern und liberal nennen, die schließlich inzwischen auch die Kugelgestalt der Erde vorbehaltlos anerkannt hat! Sie geht mit der Zeit – wie hinkend, schwitzend, außer Atem immer, – und sie weiß sehr wohl, daß sie sich auf diesem Gebiet nur durch Lockerung des bisherigen Terrors ein bißchen von der Autorität erhalten kann, die ihr immer mehr aus den Fingern gleitet. Auch der Startheologe weiß das, und als gewitzter Harmonisator betreibt er die Lockerungsübungen besonders inbrünstig. Auf der Ostasienreise, auf der ihm wesentliche Flausen seiner »Ethik der Geschlechter« einkamen, mischt er sich gern unter die Matrosen und fragt sie nach diesem und jenem, besonders aber jenem aus – und erfährt dann gelegentlich »Dinge, die für ein bürgerliches Gemüt ziemlich schockierend sind.«[114] Hier muß, so findet er, Wandel geschaffen werden. Warum immer nur die Letzten Häuser im Hafen, in denen es doch »nur zu einer kurzen Explosion ihres gestauten Trieblebens« kommt? »Ich finde es schon interessant, über einen chinesischen Markt zu gehen und mir die Menschen anzusehen.« Und könnten das denn überhaupt »Erlebnisse« sein, »wenn man immer im voraus schon wisse, was es sei, und wenn es außerdem noch immer dasselbe sei in Europa und Asien und Australien«[115]? Und mit Genugtuung hört er von einem australischen »Seemannspastor« schwärmen, der die Matrosen »von der Straße« holt, in »gepflegte Räume« einlädt, wo sie »spielen und lesen können«, und abends sogar »junge Mädchen aus ordentlichen Häusern zum Tanz bestellt. Am Schluß sagt er ihnen in verschiedenen Sprachen noch ein Abschiedswort« (auch verzichtet er nicht darauf, »die Bibel aufzuschlagen«), »und wenn er dann sagt ›Jetzt geht's nach Hause‹, fügt er schmunzelnd hinzu: ›Ladies first!‹ Die Männer sitzen dann noch eine halbe Stunde beieinander.«[116] Die zarte und liebevolle Reaktion der Matrosen auf diese ebenso gütige wie ahnungslose Seelsorge berichtet der Startheologe mit heimlichem Triumph, ganz als sei mit der Güte dieses Pastors zugleich auch seine Ahnungslosigkeit gewürdigt worden, ganz als sei einmal mehr bewiesen worden, daß man zur Überwindung dessen, was für die Banaltheologie immer noch Inbegriff der Sünde ist, nichts weiter brauche als eine geschickte Verdrängungstechnik. Kann, wer so wenig vom Menschen weiß, kann, wer gegen die Befriedigung der körperlichen (und damit zugleich ja auch – das müssen Theologen noch lernen – der seelischen und geistigen) Liebessehnsucht ernstlich geltend macht, sie biete doch immer nur dasselbe, – kann der Ansprüche erheben, als Ethiker der Geschlechter gehört und ernstgenommen zu werden?

Wer so wenig vom Menschen weiß, – wie hat er's mit den zuständigen Wissenschaften? »Psychologische Kategorien reichen hier wieder einmal nicht aus«[117], verkündet er inmitten eines Gedankenqualsters über die Chinesen, und es klingt genauso auftrumpfend wie andernorts die Behauptung, »daß der Mensch, wenn er sich selber sucht, sich verfehlt« (und sich selbstredend nur dann »gewinnt und verwirklicht, wenn er sein Leben an G verliert«[118]: blitzeinfach). Die

Psychoanalyse, die er in Amerika »zur säkularen Religion und gleichzeitig zum Unterhaltungsstoff bei Parties geworden« sieht[119], ist ihm grausig, und seine alte Tübinger Haustochter aus der Zeit erzählen zu hören, wo sie »Kinderfräulein im Hause eines Psychoanalytikers« war, findet er »nicht ohne einen gewissen schauerlichen Reiz«[120]. So kommt aus der Vereinigung der startheologischen mit der Haustochterperspektive eine Konklusion zustande, die sich in ihrer ganzen öden Breite selber richten möge: »Die Psychoanalyse, insofern sie zum Religionsersatz, zum pädagogischen Rezept und schließlich zur Planskizze des Lebens geworden ist, wünscht den Menschen vor allen Fixierungen durch ein ihm fremdes Außen zu bewahren. Zu diesem Außen gehört auch die Beeinflussung durch irgendeine Autorität. Der zoologische Charakter dieser Anschauung vom Menschen drängt sich dabei beklemmend auf. Der Mensch – im Unterschied zum Tier – wächst ja durch Begegnungen und Entscheidungen hindurch, in der Auseinandersetzung mit dem, was über, neben und unter ihm steht. Das Tier ›entwickelt‹ sich. So ergibt sich die paradoxe Situation, daß man den jungen Menschen, der im kultischen Kraftfeld der Psychoanalyse heranwächst, gerade mit dem verbiegt, was seine ungehemmte Entfaltung bewirken sollte: Man zwängt ihn in ein fremdes animalisches Schema.«[121] Es kann ausgeschlossen werden, daß dies die Rede eines Betrunkenen sei. Wie vollendet ist hier nicht wieder einmal des Startheologen Stimme Volkes Stimme! Wie rührend selbstverständlich teilt er auch diesen Mangel der Massenhaften, den allerschlimmsten, bittersten vielleicht – den an Psychologie! Wie spurlos hat er die denkerischen Errungenschaften dieser Zeit an sich vorübergehen lassen – geschützt von jenem eigentlichen kultischen Kraftfeld, das seit zweitausend Jahren für Verbiegungen alleinzuständig war! Nur wer mit der Psychoanalyse auf so einfältigem Fuße lebt – gelinde gesagt –, kann zudem Sätze von so simpler Durchsichtigkeit produzieren, wie sie der Startheologe allüberall hervorplaudert, vom Zwang getrieben, noch in der letzten mißratenen Metapher, im letzten Hohlraum seines Phrasenmeteorismus, im letzten Stolpern seines galiläischen Zungenschlags nichts anderes darzustellen als immer und immer nur sich selbst ... ich zitiere hier nicht; ich fühle mich, nach kompletter Lektüre all der Offenbarungen, an so etwas wie ärztliche Schweigepflicht gebunden. Jedoch: kann, wer so sehr der Rücksicht bedürftig ist, als Sexual-Ethiker Stimmrecht haben? Auf den dreihundert Seiten, die über »Das Problem: Die Verbundenheit von Bios und Person im Erosbereich«, über »Die Libido in ihrem animalischen und in ihrem menschlichen Charakter«[122] u.a. Denk-Ergebnisse dieses Ethikers mitteilen, kommt der Name ›Freud‹ nicht ein einzigesmal vor; die Autoren des Alten Testaments dagegen werden rund neunzigmal berufen ... nein, da habe ich das dicke dumme Buch zugeschlagen; das ist unter Niveau.

Die Einschränkungen von Freiheit, die sich hinter allen liberal geschminkten Denk-Anträgen des Startheologen verbergen, münden sämtlich und immer wieder in jene Definition des Grundbegriffs, die Paul de Lagarde herlieh: »Frei ist nicht, wer tun kann, was er will, sondern wer werden kann, was er soll.«[123] Ihre Zitierung bildet die Interpunktion, die Rhythmisierung seiner fortgesetzten Attentate auf die Freiheit, – eine Rhythmisierung, die sie deutlich als Zwangshandlungen kennzeichnet. Doch Lügen verlieren nicht dadurch an Infamie, daß sie vom Lügner nicht erfunden wurden; und daß der läppische Herr Bötticher noch für so manches andere Denkfrüchtchen des Startheologen verantwortlich ist, exkulpiert nicht den, der damit Handel treibt, als lebten wir immer noch im Jahrhundert der Nationalstaaten. »Früher sah man in der Omnipotenz des Staates die wesentliche Bedrohung der individuellen Freiheit«[124] –: früher; heute ist es die Warenreklame. Wie ergreifend beklagt er sich nicht darüber, daß er »selbst ein banales Waschmittel« nicht mehr »in Freiheit« zu wählen vermöge[125] –: dabei kann man nur wünschen, es ließe sich hierzulande alles so frei wählen wie die Waschmittel. Kein Wunder, daß solche Stolperpfade des Denkelns in Kürze an Zielpunkte wie diesen führen: »Für den Christen entsteht die Freiheit dadurch, daß ich zu mündiger Kindschaft ermächtigt werde und zu wollen lerne, was G will«[126] (id est: was seine Priester wollen) –: man wäre weniger verlegen, könnte man sagen, daß solche Behauptungen nur aus einem so anständigen Element wie der Luft gegriffen seien. Das ist dann jene »Haupt- und Kardinalfreiheit«, die nach der routinierten Auskunft des Startheologen »sogar in Gefängnissen, Konzentrationslagern und Zuchthäusern ausprobiert« wurde[127] –: auf jedem Gebiet begegnet man dem gleichen Geschepper dieser monströsen Klingenden Schelle: seiner Lieblosigkeit, seiner Menschenunfreundlichkeit. »Freiheit ist also (!) nicht das Gegenteil einer Bindung, sondern sie ist eine neue Form der Bindung«[128] –: zu wessen Vorteil werden solche Thesen verbreitet? Sehr schreckt ihn der Gedanke an »eine mißbrauchte Pressefreiheit, die imstande sein könnte, die Gesellschaft in zwei Gruppen von Menschen zu zerteilen: in solche, die sich publizistisch austoben können, und solche, die den Tobenden ausgeliefert sind«[129] –: zu wessen Vorteil werden solche Schwachsinnigkeiten verbreitet? »Wer die Freiheit des Menschen will, muß nach dem fragen, was mehr ist als der Mensch«[130] –: fragt, wer so fragt, überhaupt noch nach dem Menschen? »Wir haben nur zu wählen zwischen der Bindung an den Vater, die uns frei macht, und der Bindung an die diesseitigen Mächte, die uns knechten«[131] –: solche Attentate auf die Freiheit sind Attentate auf den Menschen selbst; sie sind keine Denk-Ergebnisse mehr, sondern: Zwangshandlungen.

Das so hitzig ersehnte Etwas, »für das es sich lohnt, das Leben einzusetzen«, – dies scheint es zu sein: der Freiheitsbegriff eines, der von der »Bindung an den Vater« schwärmt. Ahnt der Startheologe, bis in welche Kreise hinein er mit solchen Offenbarungseiden offenbar wird? Wohl mag er damit zu Bonn, bei Hofe, reüssieren, und leicht wohl lädt man ihn wieder einmal zu Orationen über Das Vater-Land herbei. Allein, wer es mit diesem Staat und seiner Zukunft besser meint als mit den ihn zurzeit Regierenden, muß wünschen, daß auch ihnen offenbar werde, wen sie sich da zur Eideshilfe geholt haben. Es ist einer, der über den Stärkegrad seiner Vaterbindung freiwillig folgende Aussage macht: »Ich bin das Kind für Ihn selbst dann noch und gerade dann, wenn ... ich für keine irdische Instanz mehr einen Wert darstelle und wenn ich vielleicht als Geistesschwacher, der vom Hochmut der Menschen nur als Belastung empfunden und entsprechend behandelt bzw. abgeschafft wird, in irgendeiner Anstalt mein Leben friste ... Gerade dann wird mir das erschütternd schöne Wort des Liedes gelten: ›Den Blöden ist er hold‹.«[132]

Ist es nur der Hochmut der Menschen, der den Startheologen »als Belastung« empfindet? Der es als unerträgliche Selbstbelastung eines Denkenden betrachtet, wenn dieser Ideen danach taxiert, ob es sich lohne, für sie das Leben einzusetzen? Schon an Bord seines Ostasienreiseschiffes fand dieser Denkende, unter die Matrosen gemischt, es »nett, wieviel die Männer hier von körperlicher Kraft und dem Haudegentum (!) halten. Wenn sie auf eine Schlägerei zu sprechen kommen, leuchten ihre Augen ... Rohe Körperkraft ist ja auch das einzige, worin ich meinerseits mit ihnen konkurrieren kann.«[133] Einem Mann, der dieses atavistische Augenleuchten »nett« findet, müssen Pazifisten fatal sein, das versteht sich; und so verrät, was das offene Bekenntnis vielleicht doch noch scheut, sich wieder einmal in einer Konnotation: ein Häuflein Soldaten wirkt ihm »so wunderlich, als wollte es Propaganda gegen den Militarismus machen«[134]: Antimilitarismus als Inbegriff der Wunderlichkeit. Solche Sätze erleichtern es immer wieder sehr, den Startheologen einen Startheologen zu nennen. Zwar räumt er ein, über »das Schießen« rede man »anders, wenn man daheim am Schreibtisch darüber nachgegrübelt oder wenn man sich eben auf dem Schießstande oder im Gefecht befindet«[135], und in der Praxis hat er denn auch beim Schießen den sicheren Schreibtisch nie mit dem »Gefecht« zu vertauschen getrachtet. Doch das hindert ihn nicht, die folgende Lehrmeinung abzusondern – wahrscheinlich das stärkste von seinen Stücken: »Christen, die ihren Kriegsdienst unter den Augen Gs ableisten, haben ihr Handwerk des Tötens immer so verstanden, daß sie es im Namen der Liebe übten.«[136] Muß der Wunsch, diesen Startheologen »in irgendeiner Anstalt« sein Leben fristen zu lassen, nur darum unerfüllt bleiben, weil es sich wieder einmal nur um einen Schreibtischtäter handelt?

Wie es um sein Schamgefühl bestellt ist, wurde genügend sichtbar –: wie aber hat er's mit der Vernunft? Mit jener beschädigten, geschundenen Vernunft, die da höher ist als alle dem Handwerk des Tötens den Namen borgende Liebe Gs? Ich könnte es mir, müde der Allegate, einfach machen und sagen: er ist dagegen; – würden Sie zweifeln? Doch wie er dagegen ist, das soll doch hier stehen – in seiner ganzen affrösen Nacktheit. Daß sie »von Haus aus das Organ des Vernehmens« sei, »die vornehmste Mitgift des Vaters«, »auf sein ewiges Wort eingespielt«, nimmt man gelassen hin: derlei Behauptungen des

Startheologen haben so sichtbar kurze Beine, daß ihre Kennzeichnung sich erübrigt. Doch dann fährt er fort: »Aber seit wann ist eigentlich das Merkwürdige geschehen, daß Vernunft uns dazu dient, ›noch tierischer als jedes Tier zu sein‹? Sind nicht alle Argumente, die gegen G reden, aus diesem Kapitalbesitz einer in die Fremde verschleppten Vernunft finanziert worden? Sind nicht die Foltermethoden der GPU und Gestapo Exzesse eben dieser überaus scharfsinnigen, dieser vom Vater ausgezahlten und dann mißbrauchten Vernunft?«[137] Wer diese Fragen als Symptome einer akuten Geistesstörung auffaßt, lasse sich unterrichten, daß sie in dem Buch stehen, von dem der Startheologe selber berichtet, daß ihm kein anderes je »so viel an Denkarbeit und an Mühe der sprachlichen Gestaltung abverlangt« habe[138]. Und diese Breitseite gegen den Fortschritt der Technik steht in diesem selben Buch: »daß das erste Produkt dieses Fortschrittes zwei Weltkriege mit ihren mörderischen Materialschlachten waren und daß wir die besten Chancen haben, in einem dritten Weltkrieg die Erde vollends in die Luft zu sprengen, statt sie zur Ehre Gs uns ›untertan zu machen‹. Wer ist es, der da seine Hand im Spiele (!) hat?«[139] Nun, wer immer es sei, eins jedenfalls steht fest: die Kirchen haben mit ihm paktiert und werden auch beim drittenmal mit ihm paktieren. Dafür ist der Startheologe ein Garant.

Glauben und Denken ... Einmal erschrickt der Startheologe darüber, »daß es zwar als peinliche Bildungslücke empfunden wird, wenn man über Homer, Thomas Mann, Eliot und Thornton Wilder nicht mitreden kann; daß es dagegen zur Tugend der Weltaufgeschlossenheit gerechnet wird, wenn man über Abraham, Jesaja, Luther und Karl Barth nichts weiß.«[140] Die künstlich neckische Drapierung des Tatbestandes beiseite gelassen, scheint es allerdings, als werde hier eine Wahrheit sichtbar, die dem Gläubigen umso peinlicher sein muß, je weniger unter ›Mitreden‹ die bloße Salonetüde verstanden wird. Glauben und Denken –: nur wem es um bloße Salonetüden geht, kann ihre Aussöhnbarkeit behaupten …

Ist der Startheologe ein Denker –? Nein, er ist ein Galiläer – seine Sprache verrät ihn …

5. *Der Christ der Letztzeit*

> Wer sich einmal dazu gebracht hat, alle die Absurditäten, die die religiösen Lehren ihm zutragen, ohne Kritik hinzunehmen und selbst die Widersprüche zwischen ihnen zu übersehen, dessen Denkschwäche braucht uns nicht arg zu verwundern. Nun haben wir aber kein anderes Mittel zur Beherrschung unserer Triebhaftigkeit als unsere Intelligenz. Wie kann man von Personen, die unter der Herrschaft von Denkverboten stehen, erwarten, daß sie das psychologische Ideal, den Primat der Intelligenz, erreichen werden?
>
> *Freud*[141]

Das ›deutsche Christentum‹ –: fast scheint es, als sei der so schwer schallende Doppelbegriff auf alle Zeiten untrennbar, – so kompliziert vernietet sind seine Teile, so verschweißt von den Feuern der Geschichte; und wer sie auseinanderzureißen versuchte, endlich, doch und doch, hätte zu allem auch noch die Wahrscheinlichkeitsmathematik gegen sich –: sollte ein Volk, das der Welt die schändlichste Objektivierung des Aberglaubens bescherte, die Reformation, ihrem Erwachen mit seiner Abschaffung vorangehen? Deutsches Christentum –: was diese sein Abschaffung vielleicht am meisten erschwert, ist jene auf dem Boden der Reformation erst gediehene Säkularisierung, jene ›Verstaatlichung‹ des Transzendenzbewußtseins, die es erlaubte, den Begriff völlig bruchlos und ganz wie von ungefähr mit seiner Reziprokform zu vertauschen: dem ›christlichen Deutschtum‹ ... Nicht die Gemütslaunen nur, und sei es noch so vieler Millionen Gemütsmenschen, den deutschen Grundcharakter hat das Christentum in Jahrhunderten Vergangenheit geprägt und auf Jahrhunderte Zukunft. Der kultische Zungenschlag, die feierliche Gebärde durchdringen und bestimmen noch die kleinsten Herrschaftsübungen, zu schweigen von den größten: noch die Minister gerieren sich wie Ministranten vor der allerheiligsten Kanzelle; die Rhetorik der Reichs- und Bundestage ist viel mehr Predigt als irgendwo sonst in Europa; und daß ein Kanzler sich als Inhaber Höherer Gnaden begreift und am liebsten noch heute einen schlichten Goldreif im Haar tragen würde (eine Geschichte, die ich, falls sie nicht stimmen sollte, doch gut erfunden habe), daß er sich bei der geringsten Kritisierung aufbäumt, als habe man in ihm das Abendland lädiert, rührt viel weniger von der schlecht verdauten Erbschaft des Monarchismus her als von jenem deutschen ›Geist‹, von dem L. Erhard, ein seinerzeit vielgenannter Würdenträger, einmal behauptete, daß er »da auch her« komme. Der ›deutsche Gott‹, den sich ein deutscher Monarch seinerzeit alliierte –: imgrunde sind die Deutschen das Auserwählte Volk des christlichen Gottes: kein Zufall, daß große Antichristen meist auch Antideutsche waren ...

Das ›christliche Deutschtum‹ –: versucht man abzusehen, was alles das parasitische Attribut dem Begriff aufgeprägt hat, so stößt man immer wieder auf den einen kollektiven Charakterzug, der, gerade weil er so ganz verweltlicht wurde, seinen geistlichen

Genotyp so ganz zu bewahren vermochte: das gespannte, dialektische Verhältnis zur Wahrheit. Ich sage das Folgende mit Vorsicht – und mit der notwendigen Übertreibung; es handelt sich um eine Sortierungshypothese, deren Brauchbarkeit nur im Umriß hier erörtert werden kann, nichts weiter ... Daß öffentliches Sagen von Wahrheit öffentlich als Einwand gegen das Deutschtum des Sagers von Wahrheit verstanden wird, ist bekannt; daß öffentliches Lügen öffentlich nicht diskreditiert, ist ebenfalls bekannt –: man mag, wofern man es nicht weiß, immerhin glauben, daß es sich bei beidem um ›typische‹ Tugenden handelt, die von umliegenden Völkern nicht geteilt werden. Deutsche ›Ehrlichkeit‹ –: imgrunde ist die Beichte die einzige Okkasion, bei der ein Deutscher die reine Wahrheit sagt. So sehr eingefleischt ist der christliche Usus, den Künsten des Sich-ins-Gesicht-Sehens nur ganz bestimmte Stunden und Minuten zu reservieren, daß man sie in der gesamten Restzeit mit der größten Selbstverständlichkeit entbehrt. Läßt sich sagen, die Selbstverständlichkeit, mit der nach dem Krieg ein wahrhaftiges Selbstverständnis in Deutschland entbehrt wurde, sei christlichen Ursprungs? Läßt sich sagen, die deutsche Nachkriegssozietät, die so sehr lustige Gesellschaft mit so sehr beschränkter Haftung, sei ein unmittelbares Produkt des Christentums selbst? Eine Geschichtsschreibung, die nicht nur verkappte Hofberichte für Christliche Deutschtümler liefert wie etwa die von Golo Mann, wird bei der Analyse der Nachkriegsgeschichte immer wieder nach dem einen, entscheidenden Alibi fragen müssen, das Gutes Gewissen heißt: es steht der Wahrheitsfrage am nächsten. Was die Kirchen dem gescheiterten Deutschtum mit ihrer Untat nach 1945 verschafften, mit ihrer wahrhaft historischen, wahrhaft Epoche machenden Untat, war nicht die Tröstung der Religion, sondern ein politischer Ablaß: sie verhinderten damit nicht nur irgendwelche sittlichen Konsequenzen jener Taten, denen gegenüber deutsch sein haftbar sein hieß und heißt, sondern sie verhinderten deren Erkenntnis. Das brachte der schuldlosen Miene die täuschende Echtheit ein. Kein Mensch lügt mit soviel Notwendigkeit wie der Christ; kein Christ lügt so weltanschaulich fundiert und legitimiert wie der Deutsche. Die Folgen dieser letzten Legitimierung mögen, auf die weitere Zukunft, für die sie geltend gemacht wurde, erbringen, was sie wollen, – eins ist schon heute bewiesen: Man hat das Gute Gewissen des Christentums unter die falschen Alibis zu rechnen ...

Hat Deutschland eine Zukunft? Es muß vielleicht doch ausgesprochen werden, daß damit nicht gemeint ist, ob es genügend Macht haben werde, weiterhin, um aff- und effektvolle Außenpolitik zu treiben. Sondern: ob ihm noch einmal eine führende Rolle – oder auch nur eine dienende – beschieden sein wird in der kleinen Gruppe der Länder, die das geistige Fortschreiten der Menschheit befördern? Hat es eine Zukunft jenseits jener Ideologie der Praktischen Unsittlichkeit, mit der es ›auf Gedeih und Verderb‹ verbunden scheint? Daß sein Schicksal mit dem ihren identisch sei, behaupten, in aller Harmlosigkeit, nicht nur die Sonntagsredner der Politik, die sich generell gewöhnt haben, ihre Geschäfte als Rettungsaktionen für das Christliche Abendland zu verstehen. Auch der Alltagsredner der Christlichkeit, der hier stellvertretend für seine Kirche Antwort stand, ruft sein pathetisches »Armes Deutschland!« durch die Zeitungen, wo er imgrunde nichts weiter bemitleidet als sich selber, und denkt – nein, er »glaubt« natürlich, »daß diesem unserem Volke nicht mehr zu helfen ist«[142], wo in Wahrheit nur dem Regime und System der ›deutschen Christlichkeit‹ nicht mehr zu helfen ist; und denkt er »an Deutschland in der Nacht« (was in seinen Sämtlichen Werken ausdrücklich einmal geschieht), dann »krampft sich« ihm »das Herz zusammen«, weil –?: weil er von einer deutschen Kanzel nicht in eine derart »unabsehbare Schar junger gesammelter Gesichter« mehr sieht wie bei einer Gastvorstellung in Amerika.[143] Wer von seinem Denken umfassenderen Gebrauch zu machen erwägt, als die Normen der Christlichkeit vorsehen, wird von ihm ausdrücklich verwarnt: »Wir können noch so eingehende soziologische Analysen betreiben, um in der heutigen Gesellschaft mit ihren Eigengesetzlichkeiten noch freie Bewegungsräume zu entdecken, – das alles hilft uns nicht, wenn wir vergessen, daß G im Regimente sitzt ... Wenn wir das vergessen, dann gewinnt folgerichtig auch unser Analysieren und Forschen den Charakter der Sorge und des Sich-Ängstigens, dann werden alle unsere Denkbemühungen trotz allen Scharfsinns zu geistlichen Verwesungsprodukten, die unsere Freude und unseren Mut zersetzen, die uns lähmen und die zu Partisanen des Sorgengeistes werden, während G es den Seinen doch ›im Schlaf‹ schenken will (Ps. 127,2).«[144] So reden sie, so reden sie alle Tage. Hat Deutschland eine Zukunft jenseits dieser Ideologie der Praktischen Unsittlichkeit? Die Empfehlung, irgendwelches Nachdenken darüber durch ablenkende Zeremoniellhandlungen zu ersetzen, hat der Startheologe zu allen Zeiten ausgegeben, so etwa im November 1944 in dieser Form: »So wollen wir getrost in die ungewisse Zukunft hineingehen, in jene kommenden Wochen und Monate, in denen nur eines ganz gewiß sein kann: daß der Advent des Herrn zu feiern ist ... Wir Menschen müssen – heute mehr noch vielleicht als früher – all unser Grübeln, unser Wünschen und Sorgen immer neu in den gnädigen Händen Gs aufgehoben sein lassen. Wir haben ja einen Herrn, der durch Gefängnismauern, durch Stacheldrähte und über Meere gehen kann und der seiner menschlichen Opponenten ›lachet‹. Wir alle müssen über jenes trotzige und getröstete Christenlachen Bescheid wissen, das in Joh. Francks Lied ...«[145] und so weiter und so immer weiter. So reden sie, so reden sie alle Tage. Hat Deutschland eine Zukunft jenseits dieser Ideologie der Praktischen Unsittlichkeit?

»Wir heutigen Menschen sind weithin Aktivisten ...«[146], stellt der Startheologe einmal beklommen fest und traduziert einen Satz Jesu in die folgende Form: »Glaubt doch bitte nicht, ihr könntet durch Aktivität und persönlichen Einsatz das Böse in der Welt ausrotten ... Es ist doch nicht irgendein menschlicher Widerstand, den ihr brechen müßtet, sondern in dem, was da passiert und hereinwirkt, ist die Macht des großen Widerspielers auf dem Plan. Ihr habt ja doch nicht mit ›Fleisch und Blut‹ zu kämpfen, sondern mit dem heimlichen Herrn der Welt ...«[147] Wer Deutschland die Zukunft erhofft, die oben umrissen wurde, muß wünschen, hier spreche in der Tat eine Theologie, die sich nur noch mit Hilfe der Bundeswehr auf der Kanzel zu halten vermöchte. Der Begriff, der hier so hinterrücks verleumdet wird, mit einer Verleugnung und Verleumdung Jesu von Nazareth ganz wie von selbst verbunden, – hören Sie ein paar wenige Sätze aus seiner Definition von der *anderen* Seite, der atheologischen, der sich sorgenden, denkenden, forschenden, analysierenden, und halten Sie diese Sätze dem Trotzigen und Getrösteten Christenlachen entgegen, über das »wir alle« in der Tat »Bescheid wissen« sollten –: »Es gibt keinen objektiven, es gibt nur *aktiven* Geist, keinen statischen, nur dynamischen, – Geist, genährt und durchtränkt von der Idee des Paradieses, nicht des vergangenen, mythischen, sondern eines leuchtend-künftigen, eines Sternbilds der gesollten Welt. In je weiterer Ferne dieses Paradieses Wirklichkeit schimmert, mit desto hartnäckigerer Leidenschaft müssen wir es zu verwirklichen trachten. Unmöglich ist dem denkenden, unmöglich dem wollenden Menschen nichts; das schwierigere Werk: die lockendere Aufgabe; nur für Utopien lohnt sich's zu kämpfen. Denn was heißt *Utopie*? Ein Zustand, der nirgends statthat. Ersehnen wir nun das, was irgend schon *ist*? Bewahre! Das, was ist, enthüllte sich längst als Quelle unserer Qualen; folglich müssen wir sehen es zu ersetzen durch das, was sein soll – wiewohl es noch nirgends ist …«[148] Das hat natürlich nicht der Startheologe geschrieben; das könnte er gar nicht schreiben, und wenn er ein ganzes Jahr lang daran herumdächte und -dichtete. Der das schrieb, ist Kurt Hiller, der vor über fünfzig Jahren den Begriff »Aktivismus« prägte und danach lebte, ein heute über achtzigjähriges Leben lang. Gegen die Verleumder des Aktivismus fährt er fort: »Glaubt aber jemand, das Seinsollende sei unerringlich und die Welt könne von Ewigkeit zu Ewigkeit gar nicht anders ausfallen als so, wie sie ist, … dann gehe er hin und erledige sich; fehlt's ihm hierzu an Mut, so lade er wenigstens sein Bewußtsein mit der Vorstellung, daß er als Vieh lebt und nicht als Mensch; denn ›Mensch‹ ist: der Weltändernde … Mensch sein heißt geistig sein; das dumpfe Tier vermag die Grenzen der Topie, der Gegebenheit, nicht zu durchbrechen, – der Mensch ist Utopiker (oder er ist auch nur ein Tier) …« Welche Licht-Jahre Entfernung trennen solchen Geist vom metafaselnden Gewinsel eines, der sich vermißt, mit seinem »Zeugnis« aller Welt Schicksal »in Zeit und Ewigkeit« bestimmen zu wollen: »Wir stehen heute vor der ganz anderen Frage: Wie sollen wir der endgültigen Verwirklichung der Utopien ausweichen? Wir beginnen, um eine nicht-utopische, um eine weniger vollkommene Welt zu ringen. Wir suchen also, könnte man sagen, von jenem Gefährt abzuspringen, das uns … zu einer erdrückenden Vollkommenheit entführt …«[149] Dies ist: eine Kette von Offenbarungseiden. Und sie alle münden schließlich in jenen gräßlichsten, zwanghaft fehlgeleisteten Satz, mit dem der Startheologe seine persönlichen »Aufzeichnungen aus Arbeit und Leben« abschließt und der auch hier das letzte sein soll, was von ihm gehört werde, – jenes wahrhaftige Schibboleth der Finstermänner: »In die Zukunft gehen wir wie ein Kind ins Dunkle. Wir können nicht wünschen, daß die Nacht sich erhelle. Aber wir dürfen uns trösten, daß wir an einer Hand geführt werden, die nicht irre an uns wird.«[150] Wenn man es nicht vorzieht, hier überhaupt stillschweigend das Unerforschliche zu verehren, läßt sich diesem Großgläubigen, der so furchtlos ist, jetzt eigentlich nur noch eines sagen – leise, müde des langen Widerspruchs, müde auch der Grobheit, die nach Nietzsche »die humanste Form des Widerspruchs« ist und hier war, – dies Eine, Einzige: Sie irren.

Zukunft jenseits der Praktischen Unsittlichkeit des Christentums? Daß die Kirchen ganz erlöschen könnten, von selbst gar, erstickt an der eigenen Schändlichkeit, erwürgt von der eigenen Schuldigkeit, meine ich nicht. Die so heillos kompromittiert sind von ihrer Geschichte, – am Ende trägt sie das noch heil hinüber, daß man sie ein Doppeljahrtausend lang ertrug –: ihr Alter schlägt der Frohen Botschaft zum Schein von Wahrheit aus. So wird sie weiter magisch alle anziehen, die mit der Wahrheit auf dem gespannten, dialektischen, dem deutschen Fuße leben; sie wird sie weiterhin anziehen, die zur Geistigkeit, der pessimistischen und aktivistischen, nicht ›frei‹ genug sind, nicht ›reich‹ genug angelegt … Den Bürger freut's zu hören, daß er ewig sei; er läuft ihm lebenslänglich nach, dem schönen Wahn, dem gepflegten kleinen Irrsinn; und um keinen Preis möchte er in die Grube fahren, ohne daß ein schwarzgekleideter Herr darüber steht und ihm nachruft, er schlafe nur –: das hört er zwar selber nicht mehr, denn er schläft sehr tief, doch seine Angehörigen scheint es zu trösten ... ach wir Armen. Und so schlafen sie fort und glauben sie fort, ratlos, trostlos; sie klammern sich an die Illusion von der nicht irre werdenden Hand, die Illusion, die den Irrenden immer wieder trösten wird und frech machen; sie lassen sich, ratlos, trostlos, in Zeiten der Schuldigkeit und Schändlichkeit wieder und wieder von der alten wahrheits-schein-heiligen »Schrift« die Gründe dafür liefern, weshalb etwas gut sei, das sei, und weshalb etwas, das nun einmal auch sei, nicht weiter schlimm sei; sie flüchten aus den Krisenzonen der persönlichen Neurose in die allgemeine – bestärkt, gelockt, beraten von den Schriftleitern dieser Schrift, die der Krankheit zum Tode den Täglichen Losungsspruch entgegensetzen. Sie, denen so sehr am Guten Munkeln gelegen ist, können nicht wünschen, daß die Nacht sich erhelle. Eine Zukunft jenseits dieser ihrer Praktischen Unsittlichkeit? –: sie müßte damit beginnen, ihnen dieses ihr so sorgsam gehütetes Dunkel zu nehmen: sie hervorzuziehen an den Eselsohren ihrer Ethik: sie aufzustöbern an den Hufspuren ihrer Geschichte, der schamlosen und unvernünftigen –: damit endlich offenbar werde: der Antirevolutionär, der Anti-Änderer, der Hinderer und Hemmer des Kommenden, der Passivist, der Christ.

Es hat in diesem Land keine Untat gegeben, die

nicht unter Glockengeläute stattfand oder doch ohne weiteres hätte stattfinden können –: daß dieser Satz in diesem Land nach seiner letzten größten Untat nicht ausgesprochen wurde, ist schon fast so etwas wie ein Zeugnis für ihn: – in diesem Land werden Wahrheiten durch Verschweigen bewiesen. Einer der ersten Verschweiger, der sie bewies, wurde hier offenbar – genügend offenbar, ihn schuldig zu nennen? Was immer gegen ihn zu beantragen wäre, – eins muß am Ende dieses Plädoyers zum mindesten erlaubt sein: ihm einen guten Rat zu geben – leise, müde des langen Widerspruchs, müde der Grobheit –: Er möge doch sorgender werden und ängstlicher, er möge kleingläubiger werden und furchtsamer, er möge trauriger werden und menschlicher und möge den frohgemut erhobenen Kopf doch wenigstens einmal täglich tiefer über das Unglück der Welt senken, er möge zu denken versuchen – und nach Möglichkeit dabei seinen Stil verbessern. Und er möge doch wenigstens einmal täglich vor sich selber hintreten und an sich hinabblicken und also sprechen (und dabei mag er denn, so ›unter sich‹, die ganze Pracht jener Diktion entfalten, die ihn dem Bürger so unwiderstehlich macht –): »Was?! Mich trübe Tasse sollte G der HErr in Seinem unerforschlichen Ratschluß zu einem Gefäß der Gnade erkoren haben?! Also das kann doch nicht sein!«

Nein, das kann nicht sein.

Quellennachweis

Das Werk des hier vorgestellten »Doctor of Divinity« umfaßt rund 8000 Druckseiten. Daß sie mit den 150 Zitierungen, die der Text aufnahm, in neutralem Querschnitt repräsentiert werden könnten oder gar müßten, wäre unvernünftig zu verlangen: das ginge selbst beim Werk eines Theologen über die technischen Möglichkeiten. Ich habe natürlich ausgewählt, und zwar, wie es sich versteht, mit ›Zweck‹ ausgewählt, mit Tendenz. Ich habe sogar manches »aus dem Zusammenhang gerissen«, wie die Verfechter des sogenannten Objektiven sagen –: ich sage lieber: »aus der Tarnung des Zusammenhangs ans Licht gezogen«. Bei dieser Auswahl wurde den populären, sehr verbreiteten Büchern der Vorzug gegeben – vor etwa der ›Theologischen Ethik‹, die bis auf den ›Sex‹ betitelten Sonderdruck doch eine Fachlektüre geblieben ist; da die ›Ethik‹ zudem über größte Strecken hin bloß als Fleißarbeit gewertet werden kann, als akribischer Besinnungsaufsatz – von allerdings fürchterlichem Breitmaß – über die Kirchliche Weltordnung, ließ sich von einer Beurteilung absehen: unter den Arbeiten, die um ihrer unheilvollen Programmierungswirkung auf einen urteilslosen Teil der Öffentlichkeit willen in erster Linie heranzuziehen waren, ist sie ohne Belang. Daß es sich im übrigen nicht um Ikonenmalerei handelt, wenn ein Agnostiker den Theologen an die Wand malt, dürfte auch ohne Erläuterung begreiflich sein; – ich nehme bis auf weiteres immerhin an, daß die hier angelegten Maßstäbe wenigstens bei einem Teil der ins Auge gefaßten deutschen Leserschaft noch Gültigkeit haben. Gegen den Einwand bösartig absichtsvoller und entstellender Selektion, auf den man bei den übrigen gefaßt sein muß, sei lediglich dies festgehalten: daß es jederzeit leicht fällt, für jedes hier beim Wort genommene Zitat ein Dutzend gleichbedeutender vorzuführen.

Zitiert werden folgende von *Helmut Thielicke* verfaßte Werke; – sie sind mit Ausnahme des erstgenannten sämtlich als preiswerte Taschenbücher erschienen:

Weltanschauung und Glaube, Stuttgart o. J. (1946) (abgekürzt »Weltanschauung«)
Das Leben kann noch einmal beginnen, Stuttgart 1956 (»Leben«)
Das Bilderbuch Gottes, Stuttgart 1957 (»Bilderbuch«)
Vom Schiff aus gesehen, Gütersloh 1959 (»Schiff«)
Das Schweigen Gottes, Hamburg 1962 (»Schweigen«)
Der Einzelne und der Apparat, Hamburg 1964 (»Einzelne«)
Auf Kanzel und Katheder, Hamburg 1965 (»Kanzel«)
Leiden an der Kirche, Hamburg 1965 (»Leiden«)

1) Nietzsche, nachgelassene Notiz; Werke (Naumann-Ausgabe) XIII, 766 – 2) Freud, Die Zukunft einer Illusion, Gesammelte Werke (London 1940 ff.) XIV, 367 – 3) Schweigen 84 – 4) Einzelne 14 – 5) ›Der Spiegel‹ 47/1967 vom 13.11. 67 – Herbert Wehner vor dem Evangelischen Bund in Münster – 6) Leben 22 – 7) Einzelne 120 – 8) Schweigen 82 – 9) Einzelne 121 – 10) Einzelne 123 – 11) Einzelne 115 – 12) Leben 13 – 13) Leben 199 – 14) Kanzel 55 – 15) Kanzel 56 – 16) Schopenhauer, Die Welt als Wille und Vorstellung, Vorrede zur ersten Auflage: über F. H. Jacobi – 17) ›Die Welt‹ Nr. 265 vom 13.11. 1967 – 18) Einzelne 7 – 19) Einzelne 7 – 20) Einzelne 7 – 21) Einzelne 7 – 22) Einzelne 8 – 23) Leben 12 – 24) Leben 29 – 25) Leben 10 – 26) Kanzel 46 – 27) Einzelne 8 – 28) Kanzel 37 – 29) Leben 29 – 30) Leben 21 – 31) Leben 17 – 32) Schiff 72 – 33) Schiff 73 – 34) Einzelne 83 – 35) Einzelne 19/20 – 36) am abscheulichsten: Weltanschauung 15 ff. – 37) Kanzel 9 – 38) Kanzel 90 – 39) Kanzel 157 – 40) Kanzel 179 – 41) Schiff 177 – 42) Schiff 167, 155, 99, 68, 214; Kanzel 95, 108 – 43) etwa Kanzel 81, 176 – 44) Kanzel 198 – 45) Schiff 200 – 46) Kanzel 191 – 47) Kanzel 169 – 48) Einzelne 53 – 49) Einzelne 16 – 50) Schiff 176, 194 – 51) Schiff 54 – 52) Schiff 72 – 53) Schiff 54 – 54) Goethe, Maximen und Reflexionen, Dritte Abteilung – 55) Leben 20 – 56) Leben 20 – 57) Einzelne 122 – 58) Leben 14 – 59) Leben 17 – 60) Einzelne 114 – 61) Kurt Hiller, Geistige Grundlagen eines schöpferischen Deutschlands der Zukunft, Hamburg 1947, S. 37 – 62) Einzelne 115 – 63) Einzelne 46/47 – 64) Kanzel 33 – 65) ›Der Spiegel‹ 52/1967 sowie ›Sonntagsblatt‹ 51/1967 vom 17. 12. 67 – 66) Kanzel 60 – 67) Einzelne 100 – 68) ›Die Welt‹ vom 14. 6. 1965 – 69) Kanzel 18 – 70) Kanzel 19 – 71) Kanzel 22 – 72) Kanzel 23 – 73) Kanzel 23 – 74) ›Sonntagsblatt‹ 51/1967 vom 17. 12. 67 – 75) ebda. – 76) so in der Vorrede zu den Predigten der unmittelbaren Nachkriegszeit: Leben 7 – 77) Schweigen 53 – 78) Schweigen 67 – 79) Kanzel 18 – 80) Kanzel 22 – 81) Kanzel 51/52 – 82) Kanzel 24 – 83) Kanzel 54/55 – 84) Schiff 16 – 85) Kanzel 53 – 86) Kanzel 147 – 87) Kanzel 148 – 88) Kanzel 204 – 89) Bilderbuch 91/92 – 90) Kanzel 190 – 91) Ekkehard Othmer, Deutschland – Demokratie oder Vaterland – Die Rede an die Deutschen von Helmut Thielicke und eine Analyse ihrer Wirkung. Tübingen 1964 – 92) alle folgenden Zitate, soweit nicht anders gekennzeichnet: ›Die Welt‹ 141/1962 vom 20. 6. 62 – 93) Weltanschauung 8/9 – 94) Karl Kraus, Die letzten Tage der Menschheit, I. Akt, 29. Szene – 95) Kanzel 190 – 96) Emile Zola, Die Schuld des Abbé Mouret (1875), Erstes Buch, Kap. 8 – 97) Leben 24/25 – 98) Kanzel 130 – 99) Goethe, Über Naturwissenschaft; Nachträgliches – 100) Kanzel 194 – 101) Kanzel 12 – 102) Kanzel 162/3 – 103) Schiff 71 – 104) Schiff 56 – 105) Schiff 49 – 106) Kanzel 114/5 – 107) Kanzel 94 – 108) Einzelne 94/95 – 109) Kanzel 93 – 110) Schiff 168 – 111) Einzelne 100 – 112) ›Der Spiegel‹ 49/1966 – 113) Leiden 14 – 114) Schiff 35 – 115) Schiff 96 – 116) Schiff 97 – 117) Schiff 78 – 118) Kanzel 16 – 119) Kanzel 105 – 120) Kanzel 105 – 121) Kanzel 106 – 122) Theologische Ethik III, 507 ff. – 123) auch in dieser Variante bei Thielicke: Einzelne 52 – 124) Einzelne 55 – 125) Einzelne 55 – 126) Einzelne 59 – 127) Einzelne 18 – 128) Schiff 148 – 129) Einzelne 10 – 130) Einzelne 80 – 131) Einzelne 79 – 132) Weltanschauung 17/18 – 133) Schiff 30 – 134) Schiff 15 – 135) Kanzel 236 – 136) ›Der Spiegel‹ 45/

1967 (S. 52): die Authentizität des Zitats wurde mir nach der Vorlesung in Hamburg von einer Schülerin Thielickes bestritten; wenn folglich immerhin erwähnt werden muß, daß es unecht sein könnte, so widerspricht dem andererseits die Tatsache, daß Thielicke, der um wesentlich geringerer Dinge willen zur Briefschreiberfeder greift, dem Spiegel keine Berichtigung schickte. – 137) Bilderbuch 19 – 138) Kanzel 140 – 139) Bilderbuch 84 – 140) Kanzel 142 – 141) Freud, Die Zukunft einer Illusion, Gesammelte Werke XIV, 371 – 142) ›Sonntagsblatt‹ 51/1967 vom 17.12.67 – 143) Kanzel 211 – 144) Einzelne 15/16 – 145) Kanzel 50 – 146) Leben 5 – 147) Bilderbuch 88 – 148) Kurt Hiller, Der Aufbruch zum Paradies, München 1952, S. 123 f. – 149) Einzelne 82 – 150) Kanzel 237.

Das Gesamtmotto steht Kanzel 21.

Warum ich aus der Kirche ausgetreten bin

»Warum willst du dich von uns Allen
und unserer Meinung entfernen?«
Frage an Goethe;
Antwort ebda.

I

Ich bin in Verlegenheit –: wie antwortet man auf ein solches Warum? Wie antwortet man leidlich behutsam auf Fragen eines Schlages wie: Haben Sie zufällig schon einmal von einem Mann namens Schopenhauer gehört? Wieso glauben Sie eigentlich nicht, daß die Erde eine Tischplatte sei, mit Sonne und Mond als Ewigen Lämpchen darüber? Oder, ein bißchen weiter gehend: Was sticht Sie bloß, immer noch in unserer Vergangenheit herumzuwühlen; können Sie die Toten nicht ihre Toten begraben lassen? – Ich habe ein bißchen Scheu davor, mit jenem Typus Lebewesen verwechselt zu werden, dem man derlei Fragen immer noch zumuten kann – und der auch immer noch die Stirn dazu in Falten legt – und stotternd in der Rumpelkammer seiner Gedanken zu kramen beginnt – und dann auch irgendeine angestrengte Unzulänglichkeit vorzeigt, beneidenswert munter und bemüht – (ich bin für Allensbach verloren, ich weiß): ich habe viel Geduld nötig, um selbst die eine Antwort hervorzubringen, die alle anderen mit umschließt: die Mitteilung, daß ich kein Analphabet mehr bin – (ich stoße mich damit aus einer sehr großen Gesellschaft, ich weiß, begebe mich eines sehr geschätzten bürgerlichen Ehrenrechts –): genügt das nicht?

In einer Gesellschaft, deren Bürger auf die Frage nach einem Mann namens Schopenhauer zuerst im

Adressbuch und dann im KonversLex nachsehen, – einer Gesellschaft, deren Schmöcke den Umstand, daß die Katholische Kirche sich nun endlich mit einem Mann namens Galilei arrangieren will, als Sensationsmeldung auftischen, – einer Gesellschaft, in der man auf die Feststellung, daß man gegen Gewalt sei, gegen die Vergewaltigung und Quälung von Menschen, gegen die Ermordung von Menschen durch Menschen, unweigerlich mit der Nach-Frage rechnen muß: Sicher, aber in diesem Fall? –: in einer solchen Gesellschaft: genügt das nicht. Es genügt nicht, die Warum-Frage des Kirchenaustritts mit der alles andere mitumschließenden Antwort zu parieren: Weil ich kein Analphabet mehr bin ... Denn die so fragen, unerschütterlich naiv, ganz ungekünstelt erstaunt darüber, daß man ihrem Zirkel nicht mehr angehört, voll ›echter‹ Teilnahme womöglich, – sie haben keinen Begriff davon, wie sehr sie sich mit der Frage allein schon kompromittieren, was sie eingestehen, indem sie fragen; sie ahnen nicht im mindesten, wie beleidigend und verletzend die Frage ist; – sie wären selber erst beleidigt und verletzt, wenn man ihnen die Retour-Frage stellte, die viel berechtigtere: Wie kommt es, Mensch, daß Sie noch in der Kirche sind? Denn irgendwo wissen sie alle, daß man sie damit einer Unanständigkeit bezichtigt, und schreien auf; sie wissen, daß man sie der Dummheit bezichtigt, und schreien auf –; sie wissen wenig; sie haben zu wenig gelesen; sie haben viel zu wenig nachgedacht ...

Sie, müßiger Leser, der Sie mich ernstlich fragen, warum ich aus Ihrer Kirche ausgetreten bin, Sie haben ganz einfach zu wenig gelesen und nachgedacht. Denn die Antworten sind alle längst gegeben worden, die Frage ist längst erledigt worden: was die Kirche sei, was das Christentum ist, was es bedeutet, ihr und ihm noch anzugehören –: die besten Köpfe der Menschheit haben sie erledigt, grundsätzlich und für alle Zeit, vor fünfzig Jahren bereits, vor hundert, vor zweihundert Jahren; Sie, allzu müßiger Leser, sind schlecht entschuldigt dadurch, daß Sie das nicht wissen, daß Sie zu faul sind, um die riesige Argumentation vor Augen und Gedanken zu nehmen; Sie sind, als Glaubender Christ, imgrunde gar nicht mehr diskussionsfähig ... Nun schreien Sie auf, sicher: das sei – Moment, ich sehe nach, was Sie schreien – sei »groteske Arroganz« (das klingt immer gut), das heiße »mit unglaublicher Leichtfertigkeit über das Heilige urteilen« (das klingt schon besser: Sie kommen sich näher, Leser), das »grenze an Blasphemie« – (und schon sind wir ganz bei Ihnen angelangt: Wer Ihnen zu nahe tritt, der tritt dem Weltgeist zu nahe; der Staatsanwalt wird zuständig, in die Diskussion einzugreifen, wie früher Ihre Inquisition zuständig wurde, und Ihrem weiteren Müßiggang steht nichts mehr im Wege) ... »Zorn« höre ich noch, »erschütternder Haß« – (denn Sie schreien immer noch sehr vernehmlich, auch wenn Sie mitleidsvoll tun): sind Sie tatsächlich erschüttert? Sicher, ich gestehe, daß ich zornig bin. Es ärgert mich nämlich, quält mich, drückt mich nieder (wenn auch nicht so tief, wie Sie's gern möchten), daß die Mehrheitsmenschheit dumm ist, ja daß sie mit soviel Vergnügen dumm ist; ich bin es mitunter sehr satt, mich mit diesem Vergnügen zu befassen, wie mir denn die meisten Belustigungen der Mehrheitsmenschheit beschwerlich sind –: was also verlangen Sie, was nicht zu jeder Sorte Zorn ein Recht gäbe? Sie verlangen: Gründe. Aber haben Sie, Leser, denn ein Recht noch, Gründe gegen die Kirche zu verlangen, nachdem Sie all die ungezählten Gründe, die Ihnen von Besseren, Größeren, Edleren hingereicht wurden, die erschlagenden Beweise stets nur ignorierten, der Inquisition überließen, dem Staatsanwalt, bestenfalls dem Index? Denn die Gründe, die Beweise, die Sie verlangen, sind alle längst gegeben worden, die Frage ist längst erledigt worden: was die Kirche sei, was das Christentum ist ...

»Daß eine Wahrheit durchdringt, muß sie nicht nur bewiesen, sondern auch oft genug wiederholt werden«, hat ein Mann namens Stendhal gesagt. Die Wahrheit über die Christliche Kirche: bewiesen ist sie längst. Wie oft muß sie noch wiederholt werden, bis es »genug« ist –?

2

Nun ist Ihnen sicher sehr feierlich zumute –: sind Sie nicht ein Muster von Toleranz? Sie selber gaben mit Ihrer Frage Anlaß und Möglichkeit zu einer neuen Wiederholung –: haben Sie nicht etwas geradezu Überchristliches geleistet? Denn das wissen Sie ja auch: daß diese Toleranz, die antikirchliche Wahrheit zu wiederholen, hierzulande durchaus nicht die Regel ist. Zu Recht nicht die Regel, werden Sie »bei aller Toleranz« erwidern: sei doch die kirchliche Wahrheit imgrunde die einzige Wahrheit und Diskussion nur ein Weg, sich ihr zu erschließen. Sie war, in der Tat, sehr lange die einzig mächtige und ist, heute, noch in einzigartiger Weise mächtig. Gestern abend (am christlichen Feiertag Fronleichnam) hatte das ARD-Fernsehen eine kritische Sendung über die Jesuiten angesetzt; sie wurde fünf Stunden vor ›Ausstrahlung‹, wieder abgesetzt, »verschoben« hieß es –: wenn Sie dies lesen, wissen Sie bereits, auf wie lange sie verschoben wurde und wieweit, falls sie nicht auf immer verschoben wurde, sich die bereits abgemagerten 55 Minuten noch reduzieren mußten ... Sie sitzen in allen Funk- und Fernsehanstalten, die Besitzer der kirchlichen Wahrheit: sie geben acht, daß, was bewiesen längst wurde gegen sie, doch »oft genug« dort wiederholt nicht werde; sie sitzen mit fröhlichen Plaudermündern auf dem Bildschirm und verbreiten das Kauderwelsch ihrer Worte zum Sonntag; sie posaunen ihre Morgenfeiern aus allen Lautsprechern; sie verrichten ihre Gottesdienste auf offener Szene: buntkostümierte Schauspieler, deren Talent noch den Urwaldschamanen beschämt; sie setzen uns Dramen vor, in denen am Schluß tatsächlich eine besonders gottesfürchtige Dame von den Toten aufersteht – (ja wieso eigentlich nicht, sagt sich der müßige Zuseher, hat Unser Erlöser doch dem Tode die Macht genommen, – und wandelt am Sonntag darauf gleich doppelt feierlich zur Kirche): und er zahlt für das alles, der müßige Zuseher, der da sieht und doch glaubt; er bezahlt für die systematische Minderung seiner Vernunft en gros wie en detail –: nie seit dem Mittelalter war der Vertrieb der Heilslehren ein derart lukratives Geschäft ... Dagegen ist doch schwer aufkommen, nicht wahr? Oder würde Ihr Begriff von Toleranz sich so weit versteigen, zu konzedieren, daß auch die antikirchliche Wahrheit in Funk und Fernsehen Stimme und Bild erhalten müsse, daß Gelegenheit sein müsse, sie vorzutragen, in aller Ruhe, so wie sie von den Besten, Größten, Edelsten der Menschheit formuliert worden ist? Das wäre allerdings etwas verstiegen, sagen Sie: sei doch die kirchliche Wahrheit, bei aller Toleranz, nun einmal die einzige Wahrheit. Hierzulande, sehr richtig; man nennt diesen speziellen, sich selbst erhaltenden Zustand der Intoleranz: Staatsreligion. Denn konsequente Intoleranz ist für das Christentum dieses Staates ein Gebot der Selbsterhaltung: was, glauben Sie, würde mit ihm geschehen, wenn aus den Lautsprechern – ich sage gar nicht ›statt‹, ich sage bloß ›neben,‹ mein Herr Leser – neben den Geistlichen regelmäßig auch die Geistigen zu hören wären, nicht länger als sie, aber auch nicht kürzer: Männer namens Feuerbach, Schopenhauer, Nietzsche, Freud zum Beispiel? Sie ahnen es nicht ganz? Machen Sie einen Versuch. Verleiden Sie dem Herrn Holzamer die Einbildung, daß er mit dem »Tagebuch aus der katholischen Kirche« (oder »aus der evangelischen«: das ist gleich) ›Information‹ geliefert habe (er liefert ein sehr Anderes damit), mit öde aufgepumpten Fortsetzungs-Reportagen über die so genannte »Kleine Liturgie-Reform der katholischen Kirche« (er liefert ein sehr Anderes damit): plädieren Sie, wo immer Sie können, für die probeweise Einführung der Toleranz bei den Sendeanstalten …

Was Sie dann hören und sehen werden? Sie ahnen es nicht ganz? Sie haben zu wenig gelesen, müßiger Leser, von Männern namens Feuerbach, Schopenhauer, Nietzsche, Freud zum Beispiel … Aber Ihre Befürchtungen bestehen zu Recht: es wird Ihnen Hören und Sehen dabei, vielleicht, vergehen. Eins aber kann Ihnen zugleich versichert werden: Sie werden Argumente hören und keine hymnischen Absurditäten (die Sie so gern glauben, weil sie absurd sind; ich weiß): greifbare, nachprüfbare, meinethalben »brennend aktuelle« Diagnosen der Zeit, in der Sie leben, und keine Kriminalsagen aus der israelitischen Urgeschichte: Anweisungen zum praktischen, nicht zum Seligen Leben: Wahrheit – keine Geoffenbarte Wahrheit …

3

Geoffenbarte Wahrheiten –: dergleichen liegt mir nicht mehr, seit ich denken lernte. Denn wann jemals wären der Menschheit irgend wichtige Erkenntnisse durch Offenbarung zugetragen worden! Wichtige Erkenntnisse: sie von den unwichtigen zu scheiden, sich für sie gegen die unwichtigen zu entscheiden, ist die erste Disziplin, der sich ein Denkender unterwirft: – kann Theologie ihm wichtig sein? Sie, die zu keiner Daseins-Frage anderes beizutragen weiß als irrational verblasene Dümmlichkeiten, die jeden wichtigen Begriff pervertiert, den sie anfaßt (»Leben«, »Freiheit«, »Liebe«), – sie, die alles, was sie wissen will, auf (gelinde gesagt) unnachprüfbare Prämissen gründet, die so gern Wissenschaft sein will und doch am untersten Ende immer wieder den bloßen Glauben als Beleg vorweist (als besage es etwas, daß jemand dies und jenes glaubt; als besage es etwas, daß Millionen dies und jenes glauben), – nein, sie ist für uns nicht diskussionsfähig. *De theologicis non est disputandum* –: das ist, für uns, nicht einmal eine intellektuale, das ist zuletzt bloß eine Geschmacksfrage. Wir halten es (gelinde gesagt) für einen Geschmacksmangel, dem alten grotesken Schauspiel der Theologie überhaupt noch zuzusehen: zuzusehen, wie da die geistlichen Denk- und Stil-Blüten wuchern wie eh und je, in immer neuen bunten Kreuzungen, je nach der Jahres-Zeit, und doch allesamt aus dem immer gleichen alten Sumpf: dem Sumpf der Un-, der Antimenschlichkeit. Wie eh und je: haben sie sich gewandelt, seit die Erde ihnen noch eine Tischplatte war mit Sonne und Mond als Ewigen Lämpchen darüber? Ist denn ein Unterschied zwischen der Theologie jenes Abtes Johannes von Casa-Maria, der 1149 dem Schreibtisch- und Kanzel-Massenmörder Sankt Bernhard von Clairvaux seine Gewissensbisse damit wegtröstete, seine Klosterpatrone Johannes und Paulus hätten ihm geoffenbart, die vielen von Bernhard gelieferten Toten des Zweiten Kreuzzugs (über eine Million) seien Gott sehr gelegen gekommen, weil er damit verschiedene in den Himmlischen Heerscharen entstandene Lücken habe auffüllen können, – ist ein Unterschied zwischen dieser Irrsinns-Theologie und der des Massenmörder-Freundes Pius XII., der es inmitten des Zweiten Weltkriegs für das Wichtigste hielt, die sterbende Erde dem Herzen der von ihm verehrten Jungfrau Maria zu weihen? – der nichts Wichtigeres sah und tat als dieses? Haben wir noch ein Recht, irgendeinen bösartigen Schwachsinn, irgendeine krankhafte Veränderung des Geistes ins Irrenhaus zu verweisen, wenn wir diese Theologie in aller Freiheit schalten und hausen lassen, sie mächtig sein lassen in den Schwachen? Und wir sollten mit ihr noch diskutieren, sollten Gründe vortragen gegen sie? – gegen sie, die sich selber für unfehlbar ausgibt und ergo denn auch Diskussionen nur zum Schein anfinge? Ach nein, das ist alles längst erschöpfend vorgetragen, von Männern namens Feuerbach, Schopenhauer, Nietzsche, Freud zum Beispiel –: sie soll man lesen ... Aber: sie reformiere sich doch, die Theologie, sie werfe »alten Ballast« ab! Oh ja, sie reformiert sich: sie hat zum Beispiel gerade ein paar Heilige aus dem Kanon gestrichen, – weil? Weil sie nicht gelebt haben! Als wäre ein Heiliger, der nie gelebt hat, nicht zehnmal verehrungswürdiger als die ganze verkrüppelte Gesellschaft, deren einmal gelebt habende Knochen noch aller Art Irrsinn als Fetisch dienen! Wurde denn – etwa – der Heilige Nikolaus von Myra gestrichen, dessen Heiligkeit sich vornehmlich darin zeigte, daß er bereits als Säugling fastete? – ach nein, mein Herr Leser, Sie wissen nicht einmal von Ihrem Glauben genug ... Oh ja, sie reformieren, die Theologen: sie sitzen – etwa – gespenstisch kostümiert auf Konzilien herum und diskutieren die Ewige Sippenhaftung: soll man die Juden nun immer noch verdammen, weil Juden einst den Römer Pontius zur Verurteilung Jesu von Nazareth veranlaßten, oder soll man sie vielleicht doch laufen lassen? Ich unterschätze die Schwierigkeit des Problems nicht: einer Theologie, deren gesamtes Schuld- und Gnaden-, Verdammnis- und Erlösungs-System auf der behaupteten Vererbbarkeit einer Ursünde beruht, muß es sauer werden, eine solche Ausnahme mit der Regel überein zu bringen. Ich unterschätze die Schwierigkeit nicht, irgendein Problem dieser Theologie mit den Maßstäben des vernünftigen Menschenbenehmens und der Menschenanständigkeit überein zu bringen. Sie reformieren: etwa ihre Theologie? Die bedrückende, albhafte Lehre von einem Gott, ohne dessen Willen kein Haar von unserm Haupte fällt (und keines darauf bleibt) – der Pharaos Herz ausdrücklich verstockte, um ihn dann mit den Zehn Plagen ruinieren zu können (»... daß ich meiner Zeichen und Wunder viel tue in Ägyptenland ...«: doch, doch: so tönt das ganze Buch; ich habe manche Zeit damit verloren) – der die Sünden der Väter heimsucht an den Kindern bis ins dritte und vierte Glied – der die eigene Vater-Sünde heimsuchte am eigenen Sohn – der ein abscheuliches, garstig aberwitziges Erlösungszeremoniell ersann, um seine schlechte Kreation an seinen Kreaturen zu rächen – der, wen er liebhat, züchtigt (der, wen er liebhat, womöglich auch in die Gaskammer schickt) –, diese Theologie: wurde sie jemals, wird sie je im Grunde reformiert? Protestanten und Katholiken: im

Grunde unterscheidet sich ihre Theologie genauso erheblich wie Paulus vom Saulus, nämlich überhaupt nicht. Diese ihre Gotteslehre: was eigentlich ist daran mit den Maßstäben des vernünftigen Menschenbenehmens und der Menschenanständigkeit überein zu bringen? Was ist daran (gelinde gesagt) nicht unwichtig gegenüber der Einen Wichtigen Aufgabe der Denkenden, für Vernunft in den Menschen, für Humanität unter den Menschen zu sorgen; was ist daran (nicht mehr gelinde gesagt) nicht todfeind aller Vernunft und Humanität! Diese ihre Gotteslehre: ist sie nicht gerichtet in den Augen der anständigen Menschengesellschaft? Sie ist gerichtet, längst; alle Gründe gegen sie: sind lange schon vorgetragen ... Es gibt da eine Wissenschaft, die sich Psychoanalyse nennt. Ihr Begründer, ein Mann namens Freud, erkannte, »daß ein großes Stück der mythologischen Weltauffassung, die weit bis in die modernsten Religionen hinein reicht, nichts anderes ist als in die Außenwelt projizierte Psychologie«, und er »getraute« sich in mehreren Büchern, namentlich die christliche Mythologie in Psychologie des Unbewußten zurückzuverwandeln: »die Metaphysik in Metapsychologie umzusetzen«. Sie kennen diese Bücher nicht, Frager nach Gründen des Kirchenaustritts; Sie haben zu wenig gelesen; lesen Sie: Freud, Sigmund – Totem und Tabu, Die Zukunft einer Illusion, Das Unbehagen in der Kultur, Der Mann Moses ... (aber gehen Sie nicht in eine ›Christliche Buchhandlung‹: da führt man dergleichen nicht; man handelt in Christlichen Buchhandlungen nur geoffenbarte Wahrheiten).

Geoffenbarte Wahrheiten –: aber so sehr sehnen ›wir‹ uns ja nun gar nicht nach Offenbarung, mag sie auch noch so schön und würdig brennen wie an vereinzelten Stellen des NT: die Sehnsucht nach Offenbarung ist zuletzt gar keine natürliche Menscheneigenschaft, sie ist zuletzt, unter anderem, bloß eine unnatürliche schlechte Angewohnheit, die Sie sofort viel weniger plagen wird, wenn Sie sich den Angewöhnungsversuchen der interessierten Kreise etwas mehr verschließen. Schön und würdig: das sind vereinzelte Stellen des NT ganz ohne alle Frage. Aber sind sie deswegen auch glaub-würdiger, wahrer, gar vernünftig? Ich erinnere Sie rasch – Verzeihung, ich weise Sie nur rasch hin auf einen Mann namens Lichtenberg, der sich schon vor sehr langer Zeit am ratlosen Staunen der Leute weidete, die nicht begreifen, »wie man so grausam sein könne und ganze Kapitel schöner Ausdrücke nicht so hoch achtet als ein Senfkorn von Sache« –: lesen Sie Lichtenberg. Ich unterschätze die Schwierigkeit nicht, den Bürger anzuhalten, sich nichts mehr offenbaren zu lassen und dafür mehr zu denken –: denn gar zu gern vernimmt er, daß er ewig sei; zu gern auch läßt er sich trösten von der Aussicht auf einen himmlischen Lastenausgleich für sein mühseliges Erdenleben: er hungert sehr »nach der Gerechtigkeit« ... Aber wird sie ihm durch ein Kapitel schöner Ausdrücke? Der Pfarrer, der ihn täglich damit abspeist und, weil der Pfarrer ein Komödiant ist, täuschend ›echt‹ damit abspeist, er ›weiß‹ ja ebenfalls nicht, wovon er redet, er ›glaubt‹ es – höchstens – auch nur; er, der sich von den normalen Menschen sogar noch durch die Kleidung unterscheiden will, unterscheidet sich von den normalen Menschen nur durch seine noch größere Unwissenheit: denn durch Theologie weiß man nicht mehr, man glaubt nur mehr: Glauben und Theologie sind nichts als – oft komplizierte, akrobatisch waghalsige – Ersatzleistungen für das Denken ... Es dürfte schwerlich eine geistesschwächere, weniger diskutable, vernunftsfeindlichere, menschenfeindlichere Vokabel geben als die von Komödianten erfundene »Glaubensgewißheit«: wieviel Unredlichkeit haftet ihr nicht an, wieviel Dünkel, wieviel blasierte Verrücktheit; wieviel Vergewaltigung auch, wieviel Terror! Es haftet ihr an: Kirche. »Der Zweifel ist kein angenehmer Zustand«, allerdings; »aber Gewißheit ist ein lächerlicher Zustand«: sagte Voltaire. »Man muß ein Stück Unsicherheit ertragen können«: sagte Freud. Zweifel, Unsicherheit: mit ihnen beginnt: Denken; mit ihnen beginnt: Vernunft, Humanität ...

Theologie: ist nur ein lächerlicher Zustand.

4

Daß der Mensch ewig sei, daß sein ›eigentliches‹ Leben nach dem Tode komme –: dieser Glaube hat die Kirche von je her ›das Leben‹ verachten lassen und verleumden: dieser Glaube hat, in letzter Instanz, bewirkt, daß die Geschichte der christlichen Welt die Geschichte eines Schlachtfelds ist. Seit die Kirche sich zur Staatsreligion hochbrachte, hat sie Krieg geführt gegen die Menschen, kalten zuerst, dann immer heißeren: der Apostolische Stuhl steht auf einem Massengrab. Sie, die ihren Opfern mit vollen Backen verkündet, daß ihr Erlöser »dem Tode die Macht genommen« habe, sie hat dem Tod Zuhälterdienste geleistet wie keine andere Religion sonst, und sei es die finsterste, heidnischste der Urzeit: nur eine Krankheit kann so wüten gegen den, der sie nährt. Keine andere Religion – seit Freud sagen wir alias: keine andere »universelle Zwangsneurose« … Die Geschichte der Kirche ist eine Krankengeschichte –: zucken Sie hier schon, Nicht-Leser, bei diesem allermildesten Wort? Die Geschichte der Kirche: »Mischmasch von Irrtum und von Gewalt«, sagte ein Mann namens Goethe (zu Ihrer ungekünstelten Überraschung?) – »nichts anderes als die Verwirklichung des Reiches Gottes auf Erden«, sagte ein Herr Gundolf Gieraths O.P. in einer ›Kleinen katholischen Kirchengeschichte‹, die man in Kirchen ausliegen findet –: beide sagen dasselbe; Goethe drückt es nur etwas behutsamer und vornehmer aus. Irrtum: *recte* Wahn, Perversion, Verkrüppelung aller Werte … Gewalt: *recte* Terror, *recte* Mord … Im 11. Jahrhundert stieg die Kirche zur Weltmacht auf: da fing sie an, eigene Kriege zu führen: die behutsam und vornehm so genannten »Kreuzzüge«: sie kosteten nach behutsamer Rechnung über 22 Millionen Menschen das Leben. Als die Christen 1098/99 unter Führung eines päpstlichen Legaten das Heilige Land eroberten, verwirklichten sie das Reich Gottes dort in einer Weise, daß nach dem

Bericht des Abtes Ekkehard von Aura noch ein halbes Jahr später »in ganz Palästina die Luft von Leichengestank verpestet« war. Zuerst »die Heiden«; dann »die Ketzer«. Als Papst Innozenz III. 1209 nach zehnjährigem Schüren den Kreuzzug gegen die Katharer (den vornehm und behutsam so genannten »Albigenserkrieg«) ausgerufen und sein Oberster Befehlshaber, Abt Arnold von Cîteaux, ihn mit der Ausmordung von Béziers (über 20.000 Tote in wenigen Stunden) eröffnet hatte, empfing dieser Papst von diesem Abt einen jauchzenden Briefbericht darüber, wie »wunderbar die Rache Gottes in der Stadt gewütet« habe –: lesen Sie mehr, Leser; lesen Sie die Register der Päpste, wenn Sie wissen wollen, was die Kirche sei, was das Christentum ist ... Erzittert nicht, wer der Stedinger gedenkt? – 11.000 Menschen, von einem Kreuzheer in wenigen Stunden geschlachtet –: lesen Sie mehr, Leser, damit Sie das Zittern lernen ... Sie hat, die Kirche, Krieg geführt gegen die Menschheit: gegen Andersgläubige zuerst, dann gegen Andersdenkende schlechthin; – die Stedinger waren nur unwillige Kirchensteuerzahler. Krieg um welchen Preis? Den Mördern der Andersgläubigen, der Andersdenkenden, der unwilligen Kirchensteuerzahler garantierte der Papst als Sold »die volle Vergebung ihrer Sünden sowie das ewige Leben ...« (darüber können Sie zur Abwechslung auch einmal etwas von mir lesen: eine Dokumentation über die Verwirklichung des Reiches Gottes im Mittelalter *).

* Hans Wollschläger, Die bewaffneten Wallfahrten gen Jerusalem. Geschichte der Kreuzzüge. detebe 48

»Die Menschen sind gut, wenn sie genügend Priester haben«, sagte Papst Pius XII. Im Deutschland des 13. Jahrhunderts hatten sie genügend: jeder neunte Einwohner besaß die geistlichen Weihen. Es war dies die Zeit der Inquisition ... Robert le Bougre, Konrad von Marburg –: erzittern Sie nicht bei diesen Priesternamen, unbelesener Leser? Krieg gegen die Menschheit: wissen Sie, was der *»murus«* war, der *»murus strictus«*, der *»murus strictissimus«*? Selbst die Menschenquäler der KZs haben so zu quälen nicht verstanden wie das Heilige Officium der Catholica. Das sei ein paar hundert Jahre her? Aber was sind ein paar hundert Jahre! Hat sich die Kirche gewandelt seither? Hat sie sich auch nur distanziert von ihrer grauenhaften Geschichte? »Die Ketzerei ist eine Sünde, durch welche man verdient, nicht nur von der Kirche durch die Exkommunikation, sondern auch von der Welt durch den Tod ausgeschlossen zu werden«, schrieb 1274 Thomas von Aquin, der *»doctor angelicus«*: *Summa theologica.* Wurde er aus dem Heiligen-Kanon gestrichen? Oder sind, die ihn verehren, etwa heimlich noch immer der Ansicht, daß von der Welt durch den Tod ausgeschlossen werden müsse, wer anders denkt als sie? Noch 1876/77 beschloß der spanische Geistliche F. J. G. Rodrigo seine ›Geschichte der Inquisition‹ mit einem feierlichen Fluch auf alle Feinde der Kirche und empfahl die Wiedereinführung der Inquisition: er wurde als Standardautor imprimiert. Distanzieren sie sich? Sie fälschen höchstens. Von den Katharern (– Pazifisten, die selbst die Tötung von Tieren ablehnten –) behauptete noch 1883 Papst

Leo XIII. in der Enzyklika *»Supremi apostolatus«*, sie hätten die Kirche mit Waffengewalt umstürzen wollen, doch sei sie durch die Erfindung des Rosenkranzes und die Macht des zugehörigen Gebets gerettet worden –: über eine Million Tote, Gemordete, hat die Macht dieses katholischen Gebets gekostet ... Nach den Ketzern haben sie »die Hexen« verbrannt: Krieg gegen die Menschheit. Immer weiter haben sie Kriege geführt, und als sie eigene Kriege nicht mehr führen konnten, haben sie mit den Kriegführenden paktiert, sie gestützt, sie gerechtfertigt: sie haben Millionen sterben lassen und nichts dagegen getan, nur viel dafür; sie haben Millionen ermordet werden lassen und nichts dagegen gehabt als ein Kapitel schöner Ausdrücke. Und immer noch finden sie es ganz in der Ordnung, daß man die Menschen zuzeiten immer noch nach den Begriffen »kriegsverwendungsfähig« und Gegenteil sortiert – (ich kann das grauenhafte Kürzel »kv« nicht mehr hören und sehen, ohne bei einem der beiden Buchstaben »Kirche« zu denken). Summa theologica ... »Ihr meint, ihr suchtet ›die Wahrheit‹? Ihr sucht einen Führer und wollt euch gern kommandieren lassen!« sagte ein Mann namens Nietzsche. »Ich habe Sie lange nicht verstanden... Heute versteh' ich Sie!« sagte der päpstliche Nuntius di Torregrossa strahlend, als er dem Führer Hitler in die Augen geblickt hatte –: waren die Faschisten im Unrecht, als sie das plakatierten: »Auch jeder deutsche Katholik versteht heute Adolf Hitler und stimmt am 12. November (1933) mit ›Ja!‹«? Mit allen großen Vergewaltigern der Menschengesellschaft hat die Kirche paktiert, bis in die Gegenwart, bis in die Zukunft: mit dem Führer Hitler, dem Führer Mussolini, dem Führer Franco, dem Führer Pavelic – (das wissen Sie, wenn Sie die Dokumente schon nicht lesen, vielleicht noch ›aus Erinnerung‹?) – warum? Weil sie selber ihresgleichen ist: weil »Freiheit«, »Vernunft«, »Humanität« irreligiöse, antichristliche Begriffe sind ... Bis in die Zukunft: hat sich die Kirche gewandelt seither? Hat sie sich auch nur distanziert von ihrer jüngsten grauenhaften Geschichte? Was immer alles an den Theologen schwarz sein mag, ihr Blick ist es nicht –: unerschüttert freudig starren sie in die Zukunft, wohlpräpariert zu immer neuen schönen Ausdrücken für immer neue Leichenfelder; gellend heiter laden sie dazu ein ... »Christen, die ihren Kriegsdienst unter den Augen Gottes ableisten, haben ihr Handwerk des Tötens immer so verstanden, daß sie es im Namen der Liebe übten«: der Theologe H. Thielicke. »Selbst Atombomben können in den Dienst der Nächstenliebe treten«: der Theologe H. Künneth. Wie bald schon könnte es wieder Lücken in den Himmlischen Heerscharen auszufüllen geben...! Überrasche ich sehr, wenn ich die Einführung des Begriffs »Kanzeltäter« in das StGB empfehle? Die Verwirklichung des Reiches Gottes auf Erden –: sie gehört in die Strafgesetzbücher der Welt.

Die Kirche, die durch ihre Geschichte nicht nur befleckt ist, blutüberströmt von Anbeginn, die d e f i n i e r t ist durch ihre Geschichte –: ist sie nicht g e r i c h t e t in den Augen der anständigen Menschengesellschaft?

5

... dann haben sie »die Hexen« verbrannt ... Aber nicht, daß hier nun plötzlich ein greulicher Wahnsinn in das Christentum eingebrochen wäre, wie die uns weismachen wollen, die es zuweilen noch riskieren, an die älteren Nachrichten ihrer Geschichte Hand zu legen –: hier brach der greuliche Wahnsinn des Christentums selber aus: die Verneinung »des Lebens« zugunsten von »ewigem« Leben: die Verfolgung von Lust zur Erzielung größeren Jenseits-Verlangens: die Verwüstung des Diesseits um des transzendenten Gottes willen, dessen »Liebe« nicht nur höher sein sollte denn alle Vernunft (ein Satz, der als bloße Schutzbehauptung der Unvernünftigen zu werten ist), sondern auch höher als jede erfahrbare Form menschlicher Liebe. Die Verbrennung der Frauen und Mädchen: nicht die Perversion einzelner Priester begann hier gegen die Menschheit, gegen das Mensch-Sein Amok zu laufen, – es war eine Kulthandlung, eine Zwangshandlung der christlichen Lehre selbst. Denn die Kirche »liebt« Gott und nicht die Menschen, sie »liebt« die Menschen, wie Menschen etwa Kaviar lieben und andere aparte Lebens-Mittel, sie frißt, was sie »liebt« –: es war die christliche Religion selbst, die hier ihre Kinder fraß ... Sie verbrennt heute nicht mehr, sicher, aber hat sie sich gewandelt? Hat sich die menschenfressende Lehre selbst reformiert?

Nichts da –: sie schielt noch immer mit dem gleichen Leichenhunger unter die Röcke; sie tut –

nachdem sie von weltlichen Gesetzen zur Berücksichtigung des Fünften Gebots nun endlich gezwungen wurde – noch immer, was sie kann, um ihrem Tötungstrieb Ersatzbefriedigung zu schaffen und wenigstens zum Krüppel zu machen, die sie vernichten nicht mehr kann – (Sie bedürfen hier keiner Beispiele, Leser; die von Ihnen gelesene Presse hält Sie da leidlich auf dem laufenden) … Verneinung des Lebens zugunsten von ewigem Leben –: einige Kirchenväter denunzierten selbst den ehelichen Beischlaf als »Unzucht«, sofern er mit Lust ausgeführt wurde –: hat sich diese Lehrmeinung wirklich gewandelt? Das entlarvte schon Schopenhauer: daß der Wille zum Leben selbst negiert wird durch den Willen zur lustfreien Zeugung – und daß die kaltblütige Fortpflanzung des verneinten Lebens eine »moralisch sehr bedenkliche Handlung« sei … doch wir haben es bei den Verrichtungen der Lehrerin Kirche durchweg mit moralisch sehr bedenklichen Handlungen zu tun.

Es scheint, daß diese eine zu den wenigen ihrer Früchte gehört, an denen die Menschheit sie nun endlich aus humanem Instinkt erkannt hat; es scheint, die Menschheit geht nun endlich von der Kirchen-Väter-Ordnung zur helleren Ordnung des Tages über. Zwar schreit die Kirche immer noch »Feuer!« dagegen, und nur gezwungen im übertragenen Sinn; und der unermüdliche Beihelfer Staat leistet ihr immer noch unermüdlich Beihilfe, wie er sie stets geleistet hat: durch Sexual-Gesetze, durch Ehe-Gesetze – (es gäbe den schändlichen, menschheitsschändenden Begriff »Unzucht« nicht, wenn es die menschheitsschändende Kirche nicht gäbe). Aber damit geht es zu Ende, spät, sehr spät, aber doch: die Kirche wird zuerst an ihrem Grundübel scheitern ... *»Make love, not war!«* – daß ein solcher Satz in das kollektive Bewußtsein dringen konnte, und gar noch ›von unten herauf‹, läßt denn am Ende doch an eine gute Menschenzukunft glauben: er wird, vielleicht, für den Rückblick das edelste Wort sein, das diese Zeit hervorbrachte. Ein Kalauer, sagen Sie? – aber das wäre nur ein Ironiespiel der Gerechtigkeit: daß die Kirchenmoral von einem Kalauer umgestoßen wird. Denn das edelste Wort der Zeit ist kein Kirchenwort; es ist das Gegenteil eines Kirchenwortes; es ist: die von der neuen Gesellschaft verkündete Bankerotterklärung der von der Kirche verkündeten »Liebe Gottes«.

Eine gute Zukunft –: erreicht ist sie noch nicht; es gibt noch viel zu tun. Denn solange noch ein Mensch unter der Herrschaft der »Liebe Gottes« zittert, solange noch ein Priester die Menschen zur Selbstverstümmelung ihres Lebens überreden darf, solange noch ein trister Wicht wie der zurzeit pontifizierende Paul sein obszönes Bild vom Unterleib vorführt und nicht an paneuropäischem Gelächter zerschellt, so lange gibt es noch viel zu tun. Sie verbrennen heute nicht mehr, die Priester und tristen Wichte; aber sie verkrüppeln immer noch, sie foltern, verstümmeln immer noch. Sie, die den Säugling schon vergewaltigen (und das unschuldige Wurm, wenn's vor der Taufe stirbt, jener Hölle überantworten, in die sie – etwa – den getauften Schuldigen A. Hitler durchaus nicht mit

Entschiedenheit verweisen), die den Unerwachsenen, noch nicht Kritikfähigen schon mit dem Virus ihrer Sündendoktrin infizieren (und mit irrer Freude die Krankheit wuchern sehen, die ihnen die Kranken vor die Beichtstühle treibt), sie verleumden dem Menschen die Liebe, die sein Dasein stark macht und erträglich, sie kastrieren ihm die Lust, sie verschneiden ihm den Willen zum Diesseits und zum Jetzt: sie wollen ihm immer noch ans Leben ... Sie predigen dem Pubertierenden »Sauberkeit«, blasen ihm Angst ein vor »dunklen Stunden«, vor »Verweichlichung« und verlangen »Abhärtung« (gegen was? – gegen wen!), sie verderben ihm die Erfahrung der Erektion (sie sei »nicht angenehm«, klinge aber »von selbst wieder ab«) und der Onanie (mit jenem schleichenden Wissenschaftsgehaben, mit dem sie selber ihre Theologie verüben: als »Sünde der Unkeuschheit« nicht nur, sondern auch als »Kräftevergeudung«: »Der Arzt sagt nämlich, daß ein Teil der aufgestauten Samenzellen vom Körper als Aufbaukraft für sein Wachstum benutzt wird ...«) Sie empfehlen die Anrufung Gottes und des Heiligen Aloisius, wenn ein Mädchen sich nähert, und wenn es ein Homosexueller ist, die des Schutzmanns. Und sie drohen mit ihren Höllenstrafen: »schwerer Mißbrauch der Geschlechtskraft« und damit »schwere Sünde« sei es, »wenn zwei junge Menschen, von ihrer Leidenschaft getrieben, das miteinander tun, was nur in der Ehe erlaubt ist«; deshalb sei es »nicht gut, wenn Mädchen und Jungen in der Jugend zuviel beieinander sind.« Sie wünschen nicht, daß die Menschen viel beieinander sind, daß sie einig sind –: sie könnten sich vielleicht gegen Gott einig werden? – Was ist dies alles? Abgesehen davon, daß es Zitat ist aus einer in Kirchen ausgelegten Verführungsschrift des Jesuiten Clemente Pereira (»Wer sagt uns die Wahrheit?«: deutsche Auflage 1,25 Millionen; Übersetzungen in 11 ›Fremdsprachen‹), abgesehen davon ist es eine Selbstentlarvung des christlichen Priesters, und Sie brauchen sich, Leser, nur ein paar Grundkenntnisse der Psychologie zu erwerben, um das zu erkennen: Seit er herrscht, rächt sich der Priester für das, was ihm sein Wahn versagt: er rächt sich an denen, die »zuviel beieinander« sind, als daß sie dem Leben noch feind sein könnten: er rächt sich, indem er sie zu seinesgleichen macht: zu Krüppeln: zu Menschenfeinden ...

Es gibt noch viel zu tun ... Die Verführungsschriften, die sich den Minderjährigen aufdrängen, aus den Kirchen beseitigen zu helfen, mitzunehmen davon, was immer Sie tragen können, darf ich Ihnen nicht empfehlen –: ein christlicher Staatsanwalt könnte »Anstiftung zum Diebstahl« daraus lesen, vielleicht gar, fängt er's geschickt an, zum »Kirchenraub« – (dabei wäre es ja eine bloße Hygienemaßnahme). Aber Sie haben auch noch viel zu viel mit sich selber zu tun, christlicher Leser, als daß Ihnen Hilfe für andere zugemutet werden dürfte: kommen Sie also zuerst mit sich selber ›ins Reine‹. Lernen Sie in Freiheit zu lieben, Leser, und erfahren Sie, daß die Liebe schon eines einzigen Mädchens höher ist denn alle dem Handwerk des Tötens den Namen borgende Liebe Gottes – (Sie mögen das, wenn Sie's denn nicht wissen, ruhig experimentell ermitteln). Lernen Sie in Freiheit zu lieben, Leserin, und erfahren Sie, daß die Ihr Gewinn nicht sind, die Ihnen mit ihrem Beichtstuhlgezüngel zwischen die Schenkel wollen. Ihr Gewinn, unter anderem: Sie werden die Mitwelt erträglicher finden; Sie werden, Leser und Leserin, der Mitwelt selber erträglicher werden ... Und dann halten Sie, bitte, Maß bei Ihrer Fortpflanzung: Sie müssen nicht unbedingt vervielfältigt herumlaufen, und solange gegen Ihr Denken und Fühlen noch soviel zu sagen ist wie jetzt, rate ich Ihnen überhaupt ab: es wäre ein übereilter Schritt ...

»Fiant pilulae, et pereat mundus« – (nein, es tut mir leid, Sie ärgern sich auch hier aus bloßer Unbelesenheit –: auch dieser gar nicht so flache Spott wartet bereits bei Schopenhauer auf Sie: Parerga II. § 174). Ein Kalauer, sagen Sie? – aber könnte das nicht ein Ironiespiel der Gerechtigkeit verlangen, daß dem zurzeit pontifizierenden Paul nur noch durch Kalauer geantwortet werde? – Doch ich mag auch mit den Juristen nicht viel gemein haben, nicht einmal eine Paraphrase; ernster denn also, ganz im Ernst: *Fiant pilulae, et vivat, crescat, floreat mundus!*

6

Sie haben schon länger einen Einwand gegen mich, Leser, und sollen ihn loswerden: Was kann uns, wenden Sie ein, Herr W. von der »Liebe« erzählen, wo er so sichtbar selber ohne Liebe redet; was wiegt es, wenn Herr W., der seine Nächsten so sichtbar wenig achtet, gegen die Lehre von der Nächstenliebe eifert; ist es nicht der Böse Blick, der ihn alles böse sehen läßt, eine schlechte Natur, die ihn alles schlecht sehen läßt; ist es am Ende nicht bloß sein ›Ton‹ erst, der diese böse, schlechte Kirchen-Musik macht? – Ich weiß ein bißchen aus Erfahrung, kirchlicher Leser, daß Sie sich gern daran erholen, *ad hominem* zu argumentieren, wenn es *ad rem* beschwerlich wird –: gönnen wir Ihnen also eine kleine Erholungspause; reden wir ein bißchen von mir ...

Ich habe im letzten Jahr eine Arbeit veröffentlicht, die sich mit dem schon erwähnten Theologen H. Thielicke befaßte und in seinen sehr reichlichen öffentlichen Verlautbarungen seine Kirche beim Wort nahm; ich empfahl darin, diese Verlautbarungen auf die Waage der Vernunft und der Humanität zu legen, und legte selbst einige darauf. Anschließend erfuhr ich aus der Zeitung von einem Herrn Segebrecht, dies »überzeuge nicht«: dies sei eine »geistlose Argumentation«. Das hat mir zu denken gegeben. Ich mußte einen Irrtum erkennen, in dem ich lange befangen war. Ich mußte erkennen: daß die krankhafte Veränderung, die das menschliche Bewußtsein durch zwei Jahrtausende Christentum erlitten hat, noch weiter geht, als ich bisher befürchtet hatte. Seitdem rede ich in Sachen Christentum etwas lauter als bisher: könnte es nicht sein, daß ich, wo Schwerhörigkeit vorausgesetzt werden muß, damit ›verständlicher‹ rede? Könnte es nicht sein, daß ich, wo ich verständlicher werde, zugleich auch humaner rede? Ich rede nicht gegen Personen, wenn ich Christlichkeiten bei Namen nenne – (das begreifen Christen schwer, ich weiß; ich habe auch bei dem erwähnten H. Thielicke länger überlegt, ob dieses sein vermutliches Schwerbegreifen mich nicht hindern müßte, ihm den persönlichen Schmerz zuzufügen, den ich ihm fraglos zufügte; – denn es liegt beim christlichen Untäter ja doch eine eingeschränkte Verantwortlichkeit vor ...): ich rede gegen die Sache, gegen eine Krankheit –: rede ich nicht aber doch für Kranke? Sie ärgern sich an mir, Leser, und Sie werden schwerlich einsehen, daß es purer Altruismus sein könnte, Sie zu ärgern –: aber heraus mit der Sprache: wie anders ist Ihr christlich verändertes Bewußtsein noch zu erschüttern, wenn nicht durch ›Ärgernis‹? Das Elend der christlich veränderten Welt erschüttert Sie nicht; das hat Ihre Theologie alles ins Lot vieler schöner Ausdrücke gebracht. Die Dummheit der christlich veränderten Welt erschüttert Sie nicht; ja, sicher, Sie spüren sie kaum. Wie – wie, christlicher Leser, sind Sie anders noch zu bewegen?

Ich habe keine Affekte loszuwerden, wenn Sie das meinen. Ich bin in einem christlichen Elternhaus aufgewachsen, mit Güte erzogen worden und relativ frei; die Blockaden dieser Erziehung erlaubte mir ein gewisses Quantum Verstand ziemlich früh aufzulösen. Auch führe ich ein durchaus Glückliches Leben – im Vergleich zu denen, an die viel zu denken mir eine unvorteilhafte Empfindlichkeit meiner Natur nicht erspart. Am ›eigenen Leibe‹ habe ich das Christentum in seiner wahren Gestalt nie erleben müssen; ich habe keinen persönlichen Haß mitgenommen in die Freiheit. Im Gegenteil: viel Liebe noch, viel Dankbarkeit für erfahrene geistige Wohltaten, die in seinem Schatten wuchsen –: das mögen Sie, so allgemein, doch rasch einem Menschen glauben, der seine reichsten Jugendstunden an den Orgeln alter Kirchen verbrachte. Ausgetreten bin ich, als sich mir genügend vieles zu denken gegeben hatte – (aus der protestantischen Kirche, nebenbei; doch hat »das Bekenntnis« ja nichts weiter zu besagen, da es nie eines ist: die Religion, die Vater-Institution par excellence, vererbt sich über die Väter, nicht über die Köpfe –): ob leicht? Mit einigen Schwierigkeiten. Zu verneinen, was meinen Nächsten teuer ist, zu verletzen, die mir lieb sind, Eltern, Freunde, Verwandte – (oh ja, zu verletzen: denn sie nehmen es persönlich; niemand nimmt persönlicher, als wer Kopf und Kragen an eine Institution verlor): das alles ist viel schwieriger, als Sie meinen –: vielleicht müßten Sie erst Nicht-Christ werden, um zu verstehen, wie schwierig das ist ... Aber genug davon; das alles geht Sie wenig an. Es möge Ihnen nur die Überlegung berücksichtigen helfen: was das wohl für Gründe sein müssen, die mich jetzt diese Kirchen-Musik machen lassen?

Ich habe vor Jahren einmal eine kleine Arbeit veröffentlicht, die sich mit dem Theologen O. Dibelius befaßte; ich empfahl darin, seine Verlautbarungen u.a. auf die Waage der Friedensliebe zu legen, damals noch in dem Irrtum befangen, daß der »Friede Gottes«, der in den Kirchen gepredigt wird, zumindest entfernte Ähnlichkeit mit dem haben müsse, was mir als das schon erwähnte Wichtigste, wozu Menschen angehalten werden müssen, erschien und erscheint. Diese irrige Unterstellung wurde denn auch von verschiedenen Geistlichen empört zurückgewiesen, und ich erfuhr aus der Zeitung von einem Herrn E. H. (– nicht doch, warum soll ich seinen Namen nennen, den er selber mit soviel Grund verschweigt? –), dergleichen »pazifistischer Akzent« verrate »nur mangelnde Distanz zu den Vorurteilen meiner Zwischengeneration« (ergänze: zwischen dem 2. und dem 3. Weltkrieg). Das hat mir zu denken gegeben, und seither rede ich in Sachen Christentum noch etwas lauter als vordem. Dergleichen pazifistischer Akzent –: ich habe nicht gern Vorurteile für Sie, Leser; ich nehme immer mehr davon mit dem Ausdruck des Bedauerns zurück. Und darum, sehn Sie, habe ich Ihnen den Krieg erklärt, Leser: Ihnen, der Sie Pazifismus für das Vorurteil einer Zwischengeneration halten, Ihnen, der Sie die Verwendung der Maßstäbe Vernunft und Humanität für eine geistlose Argumentation halten ... Darum: wird es keinen Frieden zwischen uns geben, – nicht einmal die schönen Ausdrücke des Friedens ...

Die Pause ist um; auf die Plätze, Leser ... Wer hat sich da gemeldet? Ahi, der mit Recht so genannte ›Bayernkurier‹, die Thingstätte unseres Geistesadels, das Bollwerk der Wahrheit –: was boll er? Dies alles, boll Herr Caspar von Schrenck-Notzing, »entspringt dem unbändigen Haß gegen die christlichen Kirchen«: man »braucht sich nicht weiter dabei aufzuhalten.«

Denn die christlichen Kirchen haßt man nun einmal nicht –: wer wird so unklug sein?

Bin ich unklug gegen die christlichen Kirchen? Vielleicht; sicher: ich riskiere, daß man sich nicht weiter bei mir aufhält. Hasse ich sie? – die Frage ist schon schwieriger. Ich habe im letzten Winter, als ich meine Nachtstunden damit verbrachte, die Akten über die Verwirklichung des Reiches Gottes im Mittelalter zu entziffern, mitunter Anflüge von Affekten gehabt, ganzen Bündeln von Affekten, darunter auch Haß. Aber war es mein Haß, der mich da anflog? – der mich mitunter elend gemacht, der mich mitunter nicht nur rein zeitlich um den Nachtschlaf gebracht hat? Ich will es doch für alle Fälle sagen: Es war, Herr Schrenck-Notzing, der Haß von zwei Jahrtausenden Verwirklichung des Reiches Gottes auf Erden: es war jener Haß der Unterdrückten, Gequälten, Gemordeten, der schon im 13. Jahrhundert, wie der christliche Gelehrte Johannes von Winterthur in seiner Chronik überlieferte, auf eine Zeit hoffte, in der »die Kleriker, wofern sie anderes nicht hätten zur Verhüllung, mit Kuhmist ihre Haarkränze und Tonsuren bedecken würden, damit man sie nicht mehr als Priester erkenne...«

Die »Bekenntnisse« des Christentums habe ich verlassen; zu bloßen Interessenverbänden wie der christlich sozialen Union habe ich mich nie bekannt. Ich bekenne mich – schon wieder ein Zitat, Leser – zu dem Geschlecht, das aus dem – – wie geht's weiter? Keiner meldet sich mehr? Setzen, Schrenck-Notzing ... Also ohne Zitat: Ich bekenne mich zu dem

Geschlecht der in 2000 Jahren von der Verwirklichung des Reiches Gottes auf Erden Unterdrückten, Gequälten, Gemordeten – bis hin zu den bloß Ignorierten, Prohibierten –: mit ihnen befassen Sie sich gefälligst, Leser; dann brauchen Sie sich bei mir nicht weiter aufzuhalten.

7

Das sei alles ein paar hundert Jahre her? Aber ich kann nichts für Ihre Kurzsichtigkeit, die – wie mehrfach gesagt – zum Teil mit einer Lese-Brille zu beheben wäre; ich kann nichts dafür, daß Sie die Vergangenheit ebenso traktieren wie die Zukunft, den »morgigen Tag«, den Sie »für das Seine sorgen« lassen wollen. Die Macht der Kirche, sagen Sie, die unterdrückende, quälende, mordende Macht der Kirche sei seit ein paar hundert Jahren nicht mehr existent; nutzlos also das *crying over spilt blood*; die Kirche, sagen Sie betrübt, sei schwach geworden. Vergleichsweise ja. Doch immer noch hat sie jene Macht, die auch in den Schwachen mächtig ist; immer noch hat sie: Das Geld – (oh ja, ich werde jetzt ganz banal; ich bin so geschmacklos, auch das zu meiner Kirchen-Musik gehören zu lassen: die »Wut über den Verlorenen Groschen« ... Oder kommen wir damit im Gegenteil endlich zur Sache, zu dem »Senfkorn Sache«, das Ihnen, geschäftemachender Leser, noch ehestens am Herzen liegt?): also denn kurz auch dies: *crying over spent money* ...

Der Verlorene Groschen beläuft sich (exclusive ›Peters-Pfennige‹ aller Art) in Deutschland zurzeit auf über drei Milliarden Mark jährlich. Im Mittelalter war die Christliche Kirche die mächtigste Finanz-Institution der Welt: sie hat die Menschheit erpreßt bis aufs Blut und mit den erpreßten Geldern Kriege geführt gegen die Menschheit –: unterrichten Sie sich doch gelegentlich einmal über Erscheinungen wie den sog. »Saladins-Zehnten« und ähnliches. Im England des 13. Jahrhunderts betrug die Summe der Abgaben, die von der Kurie dem Land entzogen wurden, mehr als das Doppelte der gesamten Steuereinnahmen der Krone; im Deutschland des 20. Jahrhunderts treiben sie immer noch mit Beihilfe des Staates den »Zehnten« ein und finanzieren mit dem Eingetriebenen ihre menschheitsfeindlichen und -störenden Unternehmungen: sie überschwemmen das Volk mit verblödenden Drucksachen, sie besolden ein Heer von Agenten, die alle Schlüssel-Institutionen der Öffentlichkeit durchsetzen, sie errrichten sich und ihrem Wahn abscheuliche Architekturen, die leer bleiben, wie die Lehre, die darin erschallt – (oh ja, auch Krankenhäuser gelegentlich –: aber wer einmal in einem christlichen Krankenhaus gelegen hat, der weiß, daß er dort keineswegs etwa weniger zu bezahlen hat als in einem staatlichen oder privaten: an zusätzlichen Kurleistungen wird ihm allenfalls die allabendliche Besprengung mit Weihwasser zuteil und ein Neues Testament auf dem Nachttisch; und Sie, Leser, der Sie Ihre Frau oder Freundin zur Entbindung bringen, – hüten Sie sich vor der christlichen Krankenhut: man könnte dort im

Krisenfall die Mutter sterben lassen, um das Kind zu retten ...) Sie sammeln an den Türen und auf den Straßen, in den Kirchen und bei jeder ihrer Versammlungen –: wo sind die Bilanzen über die Verwendung all der ungeheuren Gelder, in die sie ihre Glaubenslehren ummünzen? Sie pressen dem gut Glaubenden auch noch ein »Kirchengeld« ab mit Beihilfe des Staates und drucken manchmal sogar auf den Zahlkarten die Versicherung, daß ihr Gott einen fröhlichen Geber liebhabe (denn sie haben zu allen Zeiten die Opfer noch verhöhnt, die sie fanden): – wo sind die Bilanzen? Beihilfe des Staates –: er hat freilich Ursache, die zu honorieren, die ihm von je her dabei geholfen haben, daß alles mit »rechten« Dingen zugehe, – im Staate Hitlers ebenso wie in dem Adenauers und Kiesingers (und in dem Wehners würde es auch nicht anders sein). Beihilfe des Staates –: erschrecken Sie nicht doch ein bißchen, wenn Sie in Ihrer Einkommensteuer-Erklärung unter den Abzugsfähigen Sonderausgaben »Spenden für mildtätige, kirchliche und gemeinnützige Zwecke« in einer Rubrik vorgesehen finden? Meinen Sie nicht, daß hier eine sonst sehr vernünftige Behörde von ihrer Vernunft verlassen wurde? Wo sind die Bilanzen auch dieser Gelder? Oh ja, sie reformieren auch hier: sie lassen sich interviewen über diese Zustände und geben gelegentlich sogar sehr freizügige Antworten, sicher genug, daß die Zustände selbst vor einzelnen freizügigen Antworten sicher sind; sie nehmen, endlich, sogar einen Mann namens Marx zur Kenntnis –: selbst einem Bischof wie dem schon erwähnten, inzwischen selig gewordenen O.

Dibelius kam 1945 angesichts des herangerückten Kommunismus der Einfall, ob wir »nicht unsere alten Vorstellungen vom privaten Eigentum an der Hand des Neuen Testaments überprüfen« müßten. Das sind ihre Reformen, ihre Kurleistungen für das Elend der Welt: das NT auf den Nachttisch! Mildtätige, gemeinnützige Zwecke –: die Kurie, größter Kapitalist der Welt, deren Vermögen man, damit die Zahlen faßbar bleiben, in Prozenten vom Welt-Bruttosozialprodukt angeben müßte, – welche Milde tut sie der Welt an? Sie hat die Finger in allen lukrativen Händeln, sie spekuliert an der Weltbörse, sie macht Geschäfte, wo immer Geschäfte zu machen sind, sie besitzt riesige Aktienpakete von Weltfirmen, die ihre Größe ihrer Sklavenhalterstruktur verdanken, sie besitzt riesige Aktienpakete von Weltfirmen, die Kriegsrohstoffe herstellen –: führt sie auch hier nicht immer noch Krieg mit dem der Menschheit Erpreßten gegen die Menschheit? Wo sind die Bilanzen dieser Nicht-Offenen Handelsgesellschaft? Sie, die das Evangelium des armen Menschensohns so reichlich verkauft, sie, die Millionen Menschen zugleich verhungern sieht (und ich meine gar nicht Inder, gar nicht Chinesen, »Heiden« also, vielleicht gar »Kommunisten«; ich meine »Christen«), sie hortet ihre Gewinne in finsteren Dependencen, sie weiß nicht, wo sie hin soll vor Geld, als könnte sie's ins Grab noch mitnehmen, das sie erwartet –: fehlt es ihr vielleicht nur noch an jener Institution, die noch jedes Staatsvermögen dezimiert hat, fehlt es ihr, die immer mehr Welt gegen sich hat und einmal alle Welt gegen sich haben wird, vielleicht nur noch an der letzten Konsequenz: an einem Verteidigungshaushalt?

Wahrhaftig, ich frage mich manchmal, wieso der Vatikan noch keine eigenen Atomwaffen hat …

8

Bin ich zu rechthaberisch? Es könnte so scheinen, – darum will ich doch rasch versichern, wie gern ich Unrecht hätte, wie gern ich gerade gegen die mächtige, zu großem Wirken fähige Kirche Unrecht hätte –: brächte sie die Menschen wirklich zu dem Frieden, den sie im Munde führt, ich würde sie sehr preisen, ich würde ihr freiwillig Steuern zahlen, ich würde sogar den ›Glauben‹ als tolerable Schwester, Halbschwester der Vernunft gelten lassen, wäre sein Ergebnis Menschlichkeit, wären die Menschen tatsächlich »gut«, wenn sie genügend Priester haben. Aber nichts da –: die christlichen Menschen, gegen die ich so gern Unrecht hätte, sie geben mir selber immer wieder Recht –: es lebt, nach dem ganzen riesigen Aufwand der Welterlösung, ein jedes doch fortan so übel und so gut es kann. Springt die Kirche ihrem armseligen Können günstig bei? Nichts da –: sie müssen durch drakonische Buß- und Strafandrohungen erst zur alleruntersten Anständigkeit gezwungen werden: sie müssen durch ihre Religion im Zaum gehalten, in Schutzhaft gehalten werden: – sie haben, recht betrachtet, den Gott, den sie verdienen. Die Macht der

Hirtenbriefe (gemäßigter auch der Kanzelabkündigungen) ist immer noch groß –: wird sie konkret, d. h. ›mit Macht‹ gegen Mächte, für Frieden, für Menschlichkeit eingesetzt? Nie. In Kürze wird man ›von oben‹ wieder hören, daß Christen »eine christliche Partei« zu wählen hätten »und nicht die Totengräber des Christentums« – (ja, gegen die Kirche kann man selbst Hofmannsthal zitieren: »Wer lügt, macht schlechte Metaphern« – schlechte, d.h. unfreiwillig geständige? Denn was trägt man zu Grabe, wenn nicht Totes?): so einzig ans Eigeninteresse gebunden handelt keine Religion, die als tolerable Halbschwester der Vernunft in Frage käme; so ›handelt‹ bloß: eine Weltfirma.

So handelt sie seit eh und je: mit leichenstarrer Unbeweglichkeit das Etablierte bekräftigend und ermächtigend, das Fortschreitende befeindend: definierend, was Christliche Parteien schlechthin sind – (und sieht man in Europa ein bißchen in die Runde, so zeigt sich in jeder wünschenswerten Deutlichkeit, was sich wo mit wessen Hilfe am leichtesten gehalten hat und noch erhält: geistig, politisch, sozial). Es ist kein Einfall von mir, den Begriff der Christlichen Partei weit, sehr weit zu fassen –: »Auch jeder deutsche Katholik versteht heute Adolf Hitler ...« – ›versteht‹ er, der deutsche Katholik, vielleicht heute ihn, den Typus Hitler, immer noch? Und stimmt mit ›Ja!‹, wo immer er auftaucht? Wie zwanglos sind nicht all die alten Schmöcke der Rechtspresse Christen geworden, nachdem sie zuvor ebenso zwanglos Faschisten waren –: gibt es Gründe anzunehmen, sie würden's nicht jederzeit wieder werden, wenn das Vaterland sie ruft (gar im Verein noch mit der Vater-Religion –: gibt es Gründe anzunehmen, sie, die Vater-Religion, werde dabei nicht wieder mitrufen?)? Ich habe den Bösen Blick, sicher, ich sehe alles sehr schwarz, ich sehe die nächste Zukunft verfinstert von Soutanen und Talaren, wie schon so oft die nächste Zukunft davon verfinstert war. Ich fasse den Begriff der Christlichen Partei immer weiter: – schon müht sich auch die SPD, von der so lange vieles zu hoffen war, um das Imprimatur für ihre Parteibücher: bereit, mit der Mächtigen Geschäfte zu machen, bereit, die Mächtige mit sich Geschäfte machen zu lassen. »Es gibt«, sagte H. Wehner, »kein Leben ohne Kirche!« – was begreift H. Wehner unter »Leben«? »Christen«, sagte H. Wehner, »können in Politik und Gesellschaft helfen, Probleme zu lösen, wo andere trotz besten Willens scheitern!« – mit welchen Problemen geht H. Wehner um? »Die christliche Religion ist die Religion der absoluten Freiheit; und nur für Christen gilt der Mensch als solcher in seiner Unendlichkeit und Allgemeinheit!« – (das könne nicht von ihm sein? – das Deutsch sei, selbst die »Probleme, wo« voll gewürdigt, zu schlecht? Mag sein; doch sicher weiß H. Wehner von Hegel mehr, als Hegel von H. Wehner wußte: – wenn sie nun noch in anderen Punkten – in Staatsfragen etwa – übereinstimmten?) Kein Leben ohne Kirche –: ist das am Ende eine These, eine Drohung? – Aber nein, Leser, Sie glauben auch gleich alles; bleiben Sie beruhigt: die *Summa theologica* ist ein paar hundert Jahre her …

So macht denn die Mächtige weiter Geschäfte, und wie die Zeit mit ihr geht, so versucht sie auch mit der Zeit ein bißchen Schritt zu halten, schwitzend und japsend zwar, aber doch. Nicht als Religion freilich; als Weltfirma. Sie beschäftigt die demoskopischen Institute, die Musterungskommissionen der Sozietät, um neue Verkaufschancen zu ermitteln; sie plagiiert die Errungenschaften der Waschmittelwerbung, um sie für die Welterlösung nutzbar zu machen; sie plakatiert, sie inseriert für schweres Geld, um neue Märkte zu erschließen: sie definiert tagtäglich mehr und mehr, was sie sei, was das Christentum ist ... Pro Jahr »150 geschlossene Wallfahrten mit Fahnen und Musik und ca. 20.000 Fußwallfahrern« (die per Bus Pilgernden nicht gerechnet) preist der Prospekt der Wallfahrtskirche Gößweinstein den Verbrauchern an –: wer möchte da nicht, was er im Kopfe nicht hat, wenigstens in den Beinen haben! Überall an Straßen und Autobahnen locken die Raststätten des Ewigen Heils, mit reichhaltigem Sonntagsprogramm –: wieso sind eigentlich in den D-Zügen noch keine Kapellen eingebaut, gegen Sonderzuschlag benutzbar? »Bittet um den Heiligen Geist! Dringlicher war es nie!« las ich gerade auf einem mit einer abstrakt flatternden Taube geschmückten Plakat der sich so nennenden »Plakatmission« –: das Heil fliegt einem praktisch in den Mund: leben wir nicht in einem Schlaraffenland? Und sogar im Fernkurs (24 Lektionen) können Sie glauben lernen: »Suchen Sie, weil Sie sich keiner Kirche verbunden wissen, einen Halt, eine letzte Sinngebung Ihres Lebens? – Benutzen Sie bitte die anhängende Bestellkarte!« (– nein, es tut mir leid: das ist ein wörtliches Zitat – aus dem Prospekt der »Katholischen Glaubens-Information, 6000 Frankfurt/M 1, Eschenheimer Anlage 21): »Vielleicht sind Sie nicht Christ und möchten gern gerade darum wissen, was die katholische Kirche von sich selbst sagt. Es gibt viele falsche Vorstellungen über den katholischen Glauben ...«: das ist allerdings so wahr, wie nur etwas sein kann. Und sie wissen bei all dem durchaus, was sie tun; sie wissen, daß sie etwas Unanständiges anbieten –: »Der Versand erfolgt auf Wunsch in neutralem Umschlag ...« Das ist sie, die Religion mit den vielen Weißmachern, die Weltfirma mit den vielen Weismachern –: wie oft noch muß sie von sich selber sagen, was sie sagt, wie oft muß sie ihre gräßliche »Wahrheit« noch wiederholen, bis es genug ist?

Was alles sie weismacht, es ist nicht mehr als bloße Weißmacherei – von Zuständen, die sich ihren ›Halt‹, ihre letzte Sinngebung von außerhalb anliefern lassen müssen, steuerlich absetzbar als Betriebsaufwand. Sieht man ein bißchen in die Runde, so zeigt sich, was sich wo mit wessen Hilfe hält –: soll man die christliche Religion etwa anders als an ihren Früchten erkennen? Die christlichen Parteien möchten's wohl gern: sie möchten, daß die mit soviel Fleiß polierte Sichel des großen C alle Einwände gegen sie abschneide, und sie schneidet denn auch zuweilen ab, als ob Papier sie wär'n. Denn Sie leben, Leser, in einem christlichen Land. Dies Abschneiden ist eine sehr alte christliche Methode: – aber beweist sie anderes als die sehr alte christliche Methode des Abschneidens? Sie beweist nicht: daß Sie in einem ›religiösen‹ Land leben, mein Herr Leser, in einem besonders »gottesfürchtigen«, vor der Heimsuchung bis ins dritte und vierte Glied besorgten Land –: fürchten die sichelschwingenden Parteien den Gott, auf dessen Exusie sie pochen? Nichts da –: zu sichtbarlich richten ihre Vertreter ihren Handel und Wandel auf die Überzeugung ein, daß sie auch vor dem von ihnen vermuteten Jüngsten Gerichtshof noch immun seien; und für eine Zweigniederlassung des Himmlischen Jerusalem wird Bonn denn allenfalls von Herrn Gerstenmaier gehalten –: wer glaubt denn noch »mit Ernst« an den Gott, mit dessen Kirchen er handelt und wandelt? Der Bayernkurier ruft »hier!«, gewiß; aber das ist eine Ausnahme, mit der sich schwer anderes messen läßt. Die Kirchen sind immer noch relativ voll, gewiß; Millionen unterziehen sich der Fußpflege der Wallfahrt; das NT liegt auf den Nachttischen an Deutschland Denkender; auch der fetteste Händler, dessen Himmelreich sonst nur seine Villa ist, erfreut sich sonntags an der Aussicht auf den Ewigen Freudensaal; – und selbst Rudolf Augstein, der bekannte Hamburger Geschäftsmann, las in der Zelle, in die ihn gewalttätige Machtergreifer gebracht hatten, die Bibel ... nein, das kann nicht sein, daß er darin anderes suchte als Auskunft über die Art gewalttätiger Machtergreifer, oder ich hätte seine Arbeiten ein Dutzend Jahre lang mißverstanden ... Was definiert dies alles? Gelegentlich sieht man in Ortschaften das bekannte dreieckige Warnschild mit der Legende »Achtung,

Kirchgänger!« (ich sah es erst gestern wieder im fränkischen Geisfeld) – so, wie man sonst ›Wildwechsel‹ oder ähnliche Unberechenbarkeiten der vernunftlosen Kreatur den Vernünftigen zur Beachtung empfiehlt: – aber beweist dies anderes als die Unberechenbarkeit der vernunftlosen Kreatur? Es beweist nicht: daß Sie in einem ›religiösen‹ Land leben, Leser. Sie leben im Absatzgebiet einer Weltfirma: Wer, Leser, *rechnet* denn ernstlich noch mit dem, was auf Wunsch in neutralem Umschlag versandt wird, außer dem Statistischen Bundesamt und den diversen Kirchen-Steuer-Hebe-Stellen?

›Willkürliche Schuldvermutungen‹? – sehen Sie in die Runde. Achten Sie mehr auf die Kirchgänger in dem Land, in dem Sie leben. Und lesen Sie mehr, Leser, wenn Sie wissen wollen, was die Kirche sei, was das Christentum ist ... Sie lesen nicht gern, kaum noch, gar nicht mehr; ich weiß – (selbst die Bibel nicht, in der Sie Auskunft über die Art von Kirchgängern finden könnten: die Warenhäuser, die »Gottes Wort in einem würdigen Rahmen« anbieten, bleiben mit der Auflage sitzen). Sehen Sie in die Runde; sehen Sie: das Etablierte bekräftigt und ermächtigt, das Fortschreitende befeindet ... Ein Mann namens Freud beantragte schon vor Jahrzehnten, den Versuch einer irreligiösen Erziehung zu machen, – und dieses Land debattiert einzig die Alternative zwischen Konfessions- und Christlicher Gemeinschaftsschule! Lesen Sie Freud: lesen Sie seine vernünftigen, humanen Argumente. Lesen Sie die vernünftigen, humanen Argumente von Männern namens

Feuerbach, Schopenhauer, Nietzsche – nur ein Viergestirn vom Himmel der Vielen Hellen Namen, das größte freilich. Welcher Namen? Die Kirche selbst erleichtert Ihnen die Auffindung: sie, die mit den exakten Wissenschaften sonst auf so gespanntem Fuße lebt, hat sich hier einmal sehr auf Astronomie verstanden: sie hat ein Verzeichnis angefertigt, in dem sie alle mit stehen, die der Menschheit Licht gebracht haben; – lesen Sie: den *Index librorum prohibitorum* … Vernunft, Humanität –: ich weiß, wie überdrüssig Sie dieser Begriffe sind, wie ungeduldig Sie darüber wieder zur Vortagesordnung übergehen wollen, zur Vergangenheitsordnung: – wiederholte ich sie wenigstens oft genug? Denken Sie mehr, Leser; lieben Sie mehr, Leserin; – lesen Sie, lesen Sie … Und wenn Sie dann immer noch nicht wissen, wozu Sie da sind in dieser schwierigen Welt, an was Sie sich zu ›halten‹, was Sie zu verwirklichen haben auf Erden, und stellen immer noch müßige Fragen, christliche Fragen, dumme, unwichtige, lächerliche Fragen, – ja, dann ist Ihnen nicht zu helfen, dann sind Sie kirchenverwendungsfähig, dann benutzen Sie die anhängende Bestellkarte …

Ich sagte dies alles nicht sehr gern; es freut mich nicht, daß es Zustände gibt, die so sind, wie ich sie nenne. Ob sie sich ändern werden, wie sie, wann sie sich ändern werden? Ich sage auch dies nicht sehr gern: Ich werde es kaum noch erleben. Aber sie werden sich ändern! Vielleicht erst in ein paar hundert Jahren. Aber was sind ein paar hundert Jahre! Sie werden sich ändern. Einmal, vielleicht erst in ein paar hundert Jahren, werden die vernünftigen, humanen Völker der Welt sich gegen die Christliche Kirche zusammenschließen und werden sie vor einen Internationalen Gerichtshof laden und werden sie, aufgrund ihrer Geschichte, der so langen, entsetzlichen, menschheitsverderblichen, zu dem erklären, was sie dann endgültig war: zur Verbrecherischen Organisation.

9

Gott –?

Ganz zuletzt ... und eigentlich überflüssig. Denn ›Kirche‹ und ›Gott‹, sie haben substantiell nichts miteinander zu tun, versteht man unter Ihm nicht einzig das gesetzlich geschützte Warenzeichen. Doch sei Ihnen nicht abgeraten, wenn Sie denken, auch über die Möglichkeiten eines Gottes nachzudenken: bringen Sie Ordnung in Ihre Zweifel. Denken Sie sich einen möglichen Gott, einen *»primo motore«*, einen großen Urheber, der irgendwo außerhalb der Welt sein Wesen triebe und die Welt ihr eigenes Wesen treiben ließe, allgütig meinethalben in sich selbst, doch ohne den Willen zu Macht und Teilnahme für Ihr Leben –: haben Sie Grund, ihn zu verehren? Und dann denken Sie sich einen möglichen Gott, der allerdings in dieser Welt sein Wesen triebe, allmächtig darin, doch – wie belegbar wäre – bösartig, verwirrend, quälend –: haben Sie Grund, ihn zu verehren? (Sie können natürlich Kotau vor ihm machen; aber auch das würde Ihnen im Bedarfsfall, wie belegbar wäre, überraschend wenig eintragen). Die Disziplin des Denkens, die sich versagt, mehr erkennen zu wollen, als durch Denken erkennbar ist, die das Denken einstellt, wo der Erkenntnis die logischen Belege ausgehen, nennt man Agnostizismus: er ist nicht zuletzt ein ökonomisches Prinzip aller, die die Kürze ihres Lebens und die Länge der Aufgaben dieses ihres Lebens vor Augen haben: er ist, ergo, ein ebenso vernünftiges wie humanes Prinzip. Der Agnostiker leugnet nicht ›Gott‹; er leugnet nicht die beiden Denkbarkeiten eines Gottes; er stellt nur – vernünftig, human – fest, daß es unbegründet wäre, der einen oder der anderen Denkbarkeit eines Gottes den Müßiggang der Verehrung zu widmen – ›Zeit‹ alias, kostbare Zeit, großen Aufwand, der schmählich vertan wäre. Er stellt – vernünftig, human – allerdings fest: *tertium non datur*. Der Christliche Gott, der »totale Herr«, wie Theologen gern sagen, ohne dessen Willen kein Haar von Ihrem Haupte fällt, allmächtig und allgütig zugleich gedacht: *non datur*. Oder haben Sie die Stirn, sich als bevorzugtes Liebesobjekt dieses Gottes zu fühlen, weil Sie nicht in die Gaskammer kamen? – Und selbst wenn Ihnen diese göttliche Selektion in ehrlichen Stunden schwer begreiflich wäre (denn Sie dürften sich ja, in ehrlichen Stunden, fast so gut kennen, wie ich Sie kenne): Sind Sie unmenschlich genug, eine allmächtige Liebe zu preisen, die andere, Bessere hineinkommen ließ, millionenfach? Unmenschlich genug: sind alle Christen …

Der Agnostiker, der ›Gott‹ nicht leugnet, der aber aus Gründen der Vernunft und der Humanität den Christlichen Gott verwirft, stellt fest: Eine Menschheit, zu deren Lebzeiten Auschwitz möglich war, darf nicht mehr auf eine Religion bauen, zu deren Lebzeiten Auschwitz möglich war. Oder sie gibt *sich* auf.

Auschwitz: war die Widerlegung aller christlichen Theodizeen.

Nachruf auf 1000 Jahre

Bamberg in Geschichte und Gegenwart

Die geschichtlichen Kräfte sind für die Zeit, die wir überblicken können, vor allem konstant. Sie sind verankert in den Grundtrieben der Menschen und der Menschengemeinschaften. Von diesen Trieben muß man ausgehen, will man vergangenes Leben verstehen. Man lasse sich durch ein paar Jahrhunderte Entfernung nicht ins Bockshorn jagen. Die heilige Scheu vor der abgelaufenen Zeit ist die schlimmste Seuche unter den Geschichtsschreibern. Der Baustoff der Zeiten, die wir kennen, ist überzeitlich. Deshalb ist Geschichtsschreibung möglich.

Ludwig Marcuse

»Caput orbis«, die »Hauptstadt der Welt«, nannte Bamberg der Kaiser Heinrich, mit dessen Bistumsgründung 1007 die Stadtgeschichte eigentlich begann; als »zweites Athen« pries man es unter den Ottonen; und auch heute noch wird, selbst wer weit herumgekommen ist, nicht müde, Namen des Entzückens dafür zu ersinnen. »Bamberg – eine Stätte deutscher Kultur und Kunst« stempelt sogar die Post, der nichts zu teuer ist, auf ihre Marken: – ist sie nicht viel zu fest schon zum Begriff geworden, diese Stätte, als daß man noch fragen sollte, was sie feiert nach ihren tausend Jahren?

Vielleicht: wie sie es feiert. Ihre Presseabteilung formulierte es für eine in der Hauptstadt der Bundesrepublik erscheinende Zeitung so: »Wir haben eine Reihe von Veranstaltungen unter freiem Himmel, wobei die historische Altstadt eine stimmungsvolle Kulisse abgeben wird. Die interessantesten Veranstaltungen werden musikalischer und sportlicher Natur sein, wie etwa Ruderregatten, Reitturniere, ein Ballonwettfliegen, eine Riverboat-Shuffle und vieles mehr. Außerdem veranstalten wir ›Bamberger Biertage‹, einen Großflugtag sowie Festaufführungen des Theaters mit vielen bekannten Künstlern. Der Höhepunkt wird ein historischer Festzug durch die Straßen der Stadt sein ...«

So jung und gegenwärtig will sie feiern, die alte, sehr schöne Stadt, die sich immer noch um den Domberg lagert und ganz langsam nur von ihm wegwächst, die zugleich viel Moderne angesetzt hat, ja in deren Mauern die Moderne längst sitzt wie der Schwamm (dazu braucht man nicht nur die Betonrampe zu begehen, die nach dem Ratschluß trostloser Architekten am Alten Rathaus vorüber in die Altstadt führt, nicht nur den bunten Narrenstreich am Obstmarkt zu besehen, dessen ›Geist‹ nicht erst durch die lange daran prangenden Gaunerbuchstaben ›IOS‹ bewiesen werden mußte): – ist es eine junge, gegenwärtige Stadt, die sich ihre 1000 Jahre zum historischen Festzug zurechtmacht?

Ihre Probleme sind es zweifellos, und deren oberstes ist das von Fortschritt und Erhaltung. Bamberg hat, wie die Presseabteilung meint, »überwiegend umweltfreundliche Industrien, die optisch nicht in das Altstadtbild hineinragen.« Optisch nicht – es sei denn, man ginge der Frage nach, was es mit den weißen Wellen auf sich hat, die auf bunten Postkarten so dekorativ das Alte Rathaus umschäumen. Optisch nicht – wenn man angesichts der »stimmungsvollen Kulisse« darauf verzichtet, den Sandstein der Fassaden und Skulpturen auf seine Schicksale allein in den letzten 20 Jahren hin zu besichtigen. Feiert die junge, gegenwärtige Stadt ihren umweltfreundlichen Fortschritt? Feiert sie ihre Wohlstands-Industrien, ihre Krämer-Erfolge, die angenehmen Effekte des Schiebens und Schabens? Sie feiert, jung, gegenwärtig, das Alte, Vergangene; und man muß auch da zweifeln, ob sie zweifelt an der Umweltfreundlichkeit einer Geschichte, die optisch nicht mehr in das Altstadtbild hineinragt. Sie feiert, unter freiem Himmel: die »alte fränkische Bischofsstadt« …

… die »Stätte deutscher Kultur und Kunst«. Und wer im gedruckten Wegweiser nach dem Bierzelt sucht, der findet sich jäh über die Wohnhäuser E. T. A. Hoffmanns und Hegels unterrichtet; wer nach dem freien Himmel Ausschau hält, den weisen Scheinwerferfinger hinauf zum Dom. Soviel Widersinn bricht auf, wo 1000 Jahre zum Mitfeiern gehalten sind, soviel Dilemma, daß man der Presseabteilung die Aufgabe wahrlich nicht neidet … und zuletzt, statt aller anderen Fragen, doch nur der einen nachgehen möchte: was das denn nun gewesen sei, was diese umweltfreundliche Stadt da feiert, die neue, sehr schöne Stadt, die sich immer noch um ihre Geschichte lagert und ganz langsam nur von ihr wegwächst …

*

Die Schicksale einer Stadt sind die Schicksale ihrer Menschen. Das vergißt sich leicht, wenn von ihnen nur noch die Versteinerungen geblieben sind – und zumeist nicht einmal die. Von den Herren der »alten Bischofsstadt« blieben die Häuser, Paläste, Kirchen, oft auch ein Grab unter den Fliesen des Doms; von den Beherrschten sind selten Gräber und Häuser geblieben. Nur zu ahnen vermag man auch heute noch etwas von der Distanz: wenn man vom schönen Rosengarten der Residenz hinabsieht auf die gebückten Hütten, die sich immer noch in ihrem Schatten ducken: auf die gekrümmte Armut unterm Gestrüpp der Fernsehantennen: – wie in manchen, wenigen, Gesichtern ist darin etwas von sehr altem Leben am Leben geblieben, submissest, devotissime.

Aber sonst ist die Spur von ihren Erdentagen stets schnell und gründlich untergegangen, und wer noch etwas davon finden will, muß in die Archive hinunter, muß Staub von alten Aktenfaszikeln wischen, verblaßte Tinten entziffern, verrunzelte Unzialen, und da findet er sie allerdings wieder dicht beieinander: die Hohen und die Niedrigen, die Herren und die Opfer. Und es fehlt nicht viel, daß ihm die 1000 Jahre dieser Stadt dabei auf einmal wie der Tag werden, der gestern vergangen ist. Soviel Schicksal, soviel Gegenwärtigkeit –: fast unwillkürlich sucht man nach der Distanz des Fortschritts –

– und findet ihn kaum. Vielleicht weil es ihn gegenüber den Schicksalen der Menschen nie so geben kann wie gegenüber dem Schicksal der Stadt, die zuletzt doch nur aus ihnen besteht: die nicht 70.000 Einwohner hat, sondern Millionen hatte. Ihrer wäre zu gedenken, einiger von ihnen, wo das Gedächtnis sich aufmacht, zurückzusehen: – gedenken wir, feiernd, einiger Bamberger Menschen …

Wo das Gedächtnis sich aufmacht, zurückzusehen, da sieht es, in einer Bischofsstadt, im Mittelpunkt langer geistlicher

Herrschaft, zwangsläufig zurück auch in finsterste Räume des Wahns, der Unterdrückung, der Schmerzen. Das mag denn selber wohl schmerzlich sein, und gerade wer 1000 Jahre feiern will, wird sich dagegen wehren. Er wird die Vergangenheit ruhen lassen wollen, gerade wo sie für ihn zeugen soll. Aber würde nicht eben das dann gegen ihn zeugen, gegen ihn und sein Feiern? Was so vergessen sein soll und verdrängt, so alt und überwunden, – fürchtet, wer es um allen Preis vom Gedenken ausnehmen möchte, am Ende doch noch seine Gegenwärtigkeit?

Die Gegenwärtigkeit von Wahn, Unterdrückung und Schmerzen: wer sie nicht wahrzunehmen vermöchte, hätte kein Recht, von der Gegenwart dieser Stadt zu reden.

*

Wahn, Unterdrückung und Schmerzen: Überblickt man die Geschichte Bambergs bis in die fernsten Zeiten, so haben die Menschen dort eigentlich immer im Kampf mit ihrer gottgesandten Obrigkeit gelegen, in Notwehr gegen Ausbeutung und Raub, gegen Abgabenerpressung, gegen Verfolgung von Denken, von Rasse und Art.

Die Verfolgung der Juden: erstes Nebenprodukt der Kreuzzüge, mit denen der Krieg der mittelalterlichen Kirche gegen die Menschheit begann. Obwohl im Schatten des weit gräßlicheren Würzburg, blieb auch Bamberg nicht verschont: seit dem Auftreten der Geißler in Franken, um 1260, kam es immer wieder zu Ausbrüchen eines Wahns, von dem man selbst heute, hört man Bamberger Bürger reden, nicht sicher ist, ob er wirklich ganz der Vergangenheit angehört. In den Jahren der Pest, des »Schwarzen Tods«, um 1348, wurde das ganze Hochstift davon erfaßt ...

Die Verfolgung der »Ketzer«: zweite Großphase der Kreuzzüge, Christen gegen Christen. Der pan-europäische Krieg gegen die Sekten, ausgelöst vom 25-jährigen Krieg der Kirche gegen die Albigenser (Katharer), von dem Voltaire sagte, daß es »niemalen etwas Ungerechteres gegeben« habe, hat auch das Bistum Bamberg überrollt: gegen Ende des 14. Jahrhunderts, des zweiten Jahrhunderts der Scheiterhaufen, traf der tödliche Verfolgungswahn die dort lebenden Waldenser...

Die Verfolgung der Bauern und Bürger: der große Bauernkrieg von 1525, der von Oberdeutschland seinen Ausgang nahm, hatte in Franken sein zweites Zentrum. Und so hat auch Bamberg seinen unvergänglichen Platz in der großen sozialen Revolution bekommen: eine Stadt, reich an Ausdehnung und Strebsamkeit, arm aber an Vermögen und Entfaltungskraft: 1992 Herdstätten und 70 Gewerbearten verzeichnet ein Schriftstück vom Jahre 1525: knapp 9000 Einwohner mögen da gelebt haben, klein und kümmerlich im Schatten des mächtigen Domkapitels, dessen Beamte ihnen, wie sie klagten,

»allein zum Abzug und Verderben gesetzt« waren. Der Haß auf die Aussauger, die »Schinder und Schaber des Volks«, wuchs mit dem Bewußtsein, und zu seiner Erweiterung haben auch Bamberger Denker beigetragen.

Gedenken wir des Predigers Johann Schwanhausen, Custos zu St. Gangolf. Seine Reden, von der Presse des Bamberger Buchdruckers Georg Erlinger auf die Nachwelt gebracht, haben den Mißständen Ausdruck gegeben. Er wandte sich gegen die wahnhafte Heiligenverehrung, gegen den Reliquienkult, gegen die Glaubenszeremonielle überhaupt, mit all ihrem Aufwand, und wies auf das dürftige Leben der Armen, denen niemand gegen Hunger, Frost und Krankheit beistehe; er forderte auf, doch lieber Monstranzen, Kelche und Meßgewänder zu verkaufen und mit dem Erlös den Elenden zu helfen. Mit Recht hat man ihn den »Reformator Bambergs« genannt, mit Recht ihn unter die frühen Sozialisten gereiht.

Entsprechend wurde er im Sommer 1524 aus dem Stift gewiesen. Entsprechend aber auch gehörte seine Rückrufung zu den ersten Forderungen der Bürgerschaft, als der Aufstand am 11. April 1525 begann. Bischof Weigand von Redwitz, ein ängstlicher, gutmütig beschränkter Mann, hatte sich, als die soziale Revolution innerhalb eines Monats vom Bodensee bis nach Ostfranken vorgedrungen war, den Entschluß einfallen lassen, dem Bundesheer Waffenhilfe zu leisten; am 5. April hatte er seine Lehnritterschaft per Zirkularbrief aufgefordert, sich gerüstet mit

Knechten und Pferden am 11. in Bamberg einzufinden; da der Brief in Erlangers Offizin vervielfältigt wurde, geriet ein Exemplar am Abend des 10. April vor die Augen einer größeren Schar von unzufriedenen Bürgern, die sich im Zinkenwörth versammelt hatten; sie verstanden ihn als Lebensbedrohung, und der Aufstand brach los.

Am nächsten Morgen »rottierte« sich das Volk, besetzte die Stadttore, die sich in bischöflicher Gewalt befanden, bewaffnete sich aus dem gewaltsam geöffneten Bürgerhof und läutete von St. Martin Sturm. Zugleich wurden dem Bischof die Forderungen der Bürgerschaft in sieben formulierten Artikeln vorgelegt. Sie gipfelten in einem hochpolitischen Verlangen: »Wir wollen unsern gnädigen Herrn von Bamberg als für unsern Herrn und Landsfürsten und sonsten keinen andern Herrn haben und mit dem Kapitel gar nichts zu tun oder unterworfen sein, und daß sie vom Kapitel unsern gnädigen Herrn von Bamberg seines Eids erlassen sollen ...«

Das nun bedeutete: das Domkapitel sollte vollkommen entmachtet, das Bistum in einen geschlossenen Territorialstaat verwandelt werden – ein Verlangen, das in der Folge fast sämtliche süddeutschen Bistümer von Bamberg übernahmen. Es war sogar davon die Rede, den Bischof zum erblichen Herzog zu machen. Am Tag darauf vereinigten sich 8000 Bauern aus dem Stift mit den Bürgern in der Stadt. Sie klagten die »Überlast und Beschwerung mit Wildbret, Zinsen, Fronen, Reisen, Mehrung der Gülten und Steuern und anderen

Übeln, darum sie jetzt Änderung begehrten«, und forderten ebenfalls, nur noch dem Fürstbischof dienen zu müssen, »Prälaten, Mönche, Pfaffen, Nonnen alles ausgeschlossen«. Bischof Weigand zögerte. Erst als die Menge daran ging, die verhaßten Domherrenhöfe zu stürmen, gab er nach, am Ostersamstag, dem 15. April, und stellte die neue »Verfassung« sowie einen Prüfungsausschuß für die sozialen Mißstände in Aussicht.

»Und ist solche Verfassung am Osterabend etwan um ein oder zwei hore nach Mittag abgeredt und beschlossen. Und alsbald dieselbig verbrieft und versiegelt gewest, hat man hie in Bamberg einen Friede öffentlich ausgeschrien und in den vornehmsten Kirchen allen geläut, zur Altenburg geschossen, zu Anzeigung des angenommen und bewilligten Frieds. Und darnach hat man zu gewohnlicher Zeit desselbigen Tags wiederum angefangen, komplett zu läuten, im Domstift und andern Kirchen zu singen und zu lesen ...«

Der Friede, den der bischöfliche Sekretär Martin Müllner in seiner Chronik so beschrieb, war nicht von Dauer. Ausschüsse tagen langsam, und in Bamberg tagten sie, obwohl schon nach einer Woche die Hauptpunkte zugestanden wurden, zu langsam. Mitte Mai brach der Aufstand abermals los – unblutig wiederum, wie überhaupt die ganze Revolution im Bistum durch eine geradezu rührende Disziplin gemäßigt war. Aber diesmal sparten die Bauern nicht mit Winken: fast 200 Schlösser und Klöster im Stift wurden niedergebrannt, Zwingfesten der ausgepreßten Landschaft; nur 4 Burgen blieben unbesetzt.

Inzwischen hatte das Bundesheer unter dem Truchseß Würzburg genommen, ein Vergeltungsmassaker angerichtet und sich mainaufwärts gewandt. Sobald Bischof Weigand der Waffenhilfe, die er unermüdlich erbeten hatte gegen seine Untertanen, sicher war, widerrief er alle eingegangenen Verpflichtungen – sollte man ›natürlich‹ sagen? Aber das immerhin auch tat er: er begab sich ins Lager des Bunds, um für das Stift um Milde zu bitten. Und das Ende kam, wie es der Chronist Johann Kessler in seinen ›Sabbata‹ beschrieben hat:

»Auf den XV. Tag Junii hat der Bund Bamberg eingenommen und dem Bischof wiederum untertänig gemacht, dieweil er auch ein Glied des Bunds ist. Hat sich da niemand zu Wehr gestellt; sind bei vierhundert Bürger entlaufen gen Nürnberg. Hat der Bund einem ehrbaren Rat zu Nürnberg entboten, daß sie die Flüchtlinge des Bunds nit sollent behausen. Auf dasselb sind die Bambergischen daselbst auch geflohen. Sind zu Bamberg zwölf enthauptet; wiewohl bei dreihundert mit Namen geruft und gelesen worden, sind doch aus denselben nit mehr dann zween erschienen ...«

Gedenken wir der Bamberger Heinz Drechssler, Schwager des Predigers Schwanhausen, und Peter Ammon aus dem Zinkenwörth, die am 19. Juni auf dem Markt hingerichtet wurden. Gedenken wir auch vor allem des Bambergers Hans Hartlieb, Bader in der Langen Gasse, der nach den übereinstimmenden Zeugenaussagen die Seele der Bamberger Sozialrevolte war: er hatte nicht geahnt, daß, was Recht geworden war, so rasch wieder Unrecht heißen könnte; obwohl er, wie das Vernehmungsprotokoll aufbewahrt hat, am Schluß »um Gottes willen bat, ihne als ein armen gefangen Sünder und Menschen mit Gnaden und Barmherzigkeit hie auf diesem Jammertal zu bedenken und sein Handlung, welche er doch neben andern geübt, mit Gnaden zu bewegen, ihne dieser Fangnis aus und ledig zu lassen«, wurde er am 24. Oktober 1525 in Nürnberg zu Tode gebracht.

Trotzdem war das Strafgericht in Bamberg milde, verglichen mit den Blutbädern, die der Würzburger Oberste Seelenhirte Konrad von Thüngen sich anrichtete, und die Historiker werden nicht müde, auf die Herzensgüte des Bischofs Weigand hinzuweisen, der sich damit beschied, nur zwölf seiner Untertanen ums Leben zu bringen, obwohl er ihnen Amnestie zugesichert und unter Wort und Siegel versprochen hatte, der gewährten Verfassung »bei unsern Rechten Guten Wahren Treuen für uns und unser aller Erben getreulich nachzukommen«. Das Stift hatte überdies dem Adel die fürchterliche Summe von 150.000 Gulden Entschädigung zu zahlen, und die Herren taxierten derart, »daß etlichem sein Schad, als man sagt, wohl dreifach zahlt sei worden«. Von den errungenen Reformen blieb keine erhalten; die alte Unterdrückung begann erneut, und schlimmer als zuvor.

Ein Bamberger Dichter, freilich

nicht Denker, Pankraz Mayer, Sekretär des Bischofs Weigand, hat zwei Lieder auf den Bamberger Aufstand geschrieben. Der Schluß hatte – gedichtet, nicht gedacht – darin diesen Klang:

»Zu Rettung kam der Schwäbisch Bund;
viel Bürger und Bauern wurden wund,
dazu ganz viel erstochen;
die Köpf aufm Markt, die sprangen dahin;
ihr Hochmut wurd gerochen.

Bamberg der Bund auch strafet sehr
um etlich tausend Gulden mehr
denn sie ihrem Herren geben;
solchs zahlt mancher von Herzen gern,
daß er behielt sein Leben.

Tausend funfhundertzwanzig Jahr,
tu funf dazu, es fehlt nit ein Haar,
darin ist solchs geschehen.
Gott woll uns seine Gnad verleihn
und uns das Himmelreich nehen.«

*

Das Himmelreich, das der seiner Obrigkeit fromm untertane Dichter nahen wünschte, nahte für Bamberg nicht. Es nahte dafür: die wohl grauenvollste Periode des Wahns, der Unterdrückung, der Schmerzen, die das christliche Abendland zu erleben hatte, und sie traf die Stadt – wie alle von Geistlichkeit regierten Städte – besonders schwer.

Diese Verfolgung der »Hexen«: – wer zu ermessen vermag, was alles dieser so zur Formel erstarrte Begriff aufschließt, wieviel kaum vorstellbare Qualen, wieviel gellende Barbarei, der möchte nur um so mehr wünschen, es könnte das alles als endgültig historisch betrachtet werden und endgültig bei den Akten bleiben: verschwunden also, tot, verscharrt, verschollen wie das »Drudenhaus«, das einmal in der Gegend stand, die heute von einem sympathischen Lebensmittelkaufhaus beherrscht wird. Ließe nicht wenigstens dieser Fleck auf dem stimmungsvollen Jahrtausend sich mit der kurzen Erwähnung beiseite wischen?

Auf »Zauberei«, was immer das war, standen im Fürstbistum Bamberg schon um 1472 dieselben Strafen wie auf Kapitalverbrechen. Aber das Verbrechen der »Hexerei« oder »Drudnerei« fand erst später Eingang ins Kriminalrecht der Stadt – durch einen Bamberger ... In die Welt fand es Eingang durch einen Papst:

»Es ist neulich nicht ohne Beschwerung zu Unsern Ohren gekommen, wie daß in einigen Teilen des Oberteutschlandes ... sehr viele Personen beiderlei Geschlechts, ihrer eigenen Seligkeit vergessend und von dem katholischen Glauben abfallend, mit denen Teufeln, die sich als Männer *(incubis)* oder Weiber *(succubis)* mit ihnen vermischen, Mißbrauch machen und mit ihren Bezauberungen, Liedern und Beschwörungen und anderen abscheulichen Aberglauben und zauberischen Übertretungen, Lastern und Verbrechen die Geburten der Weiber, die Jungen der Tiere, die Früchte der Erden, die Weintrauben und die Baumfrüchte wie auch die Menschen, die Frauen, die Tiere, das Vieh und andere unterschiedene Arten Tiere, auch die Weinberge, Obstgärten, Wiesen, Weiden, Korn und andere Erdfrüchte verderben, ersticken und umkommen machen und verursachen und selbst die Menschen, die Weiber, allerhand groß und klein Vieh und Tiere mit grausamen sowohl innerlichen als äußerlichen Schmerzen und Plagen belegen und peinigen und eben dieselben Menschen, daß sie nicht zeugen, und die Frauen, daß sie nicht empfangen, und die Männer, daß sie den Weibern, und die Weiber, daß sie den Männern die ehelichen Werke nicht leisten können, verhindern. Überdieses den Glauben selbst, welchen sie bei Empfangung der heiligen Taufe angenommen haben, mit eidbrüchigem Munde verleugnen. Und andere überaus viele Leichtfertigkeiten, Sünden und Laster durch Anstiftung des Feindes des menschlichen Geschlechts zu begehen und zu vollbringen sich nicht fürchten, zu der Gefahr ihrer Seelen, der Beleidigung göttlicher Majestät und sehr vielen schädlichem Exempel und Ärgernis ...«

Die Bulle *Summis desiderantes*, in der Innozenz VIII. im Jahre 1484 zur Ausrottung des Hexenwesens aufrief, war dessen eigentliche Ursache: mit ihr erst bildete sich jenes absurde Commixtum aus scholastisch hochgewiegeltem Wahn und magischem Brauchtum, verbunden mit

Reaktionsbildungen der christlich verleumdeten Sexualität, heraus, das die Seuche der Verfolgungen nährte; mit ihrem Erlöschen erlosch es selber auch. Die Bulle gehört zu den allerschändlichsten Greueln der darin wahrlich nicht armen Kuriengeschichte, sie und ihr praktischer Kommentar, den die vom Papst installierten Inquisitoren Jakob Sprenger und Heinrich Institoris drei Jahre später vorlegten: *Malleus maleficarum* – der »Hexenhammer«:

Die systematische Ausarbeitung des Wahns – und im III. Teil zugleich ein Kriminalkodex mit praktischen Anweisungen für den geistlichen und weltlichen Richter. Die »Hexe« wurde außerhalb des gemeinen Rechts gestellt; an die Stelle der Anklage trat die Denunziation, an die des Beweisverfahrens die Folter. Die Konsequenz für die Rechtssprechung war verheerend, vorab in den Bischofsstädten.

Gedenken wir des Bambergers Johann Freiherr zu Schwarzenberg, 1463–1528: »einer der hellsten und aufgeklärtesten Köpfe seiner Zeit«, wie Lexika meinen: 1501 Hofmeister des Bamberger Bischofs. Sein Werk und Verdienst: die ›Bamberger Halsgerichtsordnung‹ von 1507, Grundlage und Vorbild für die große *Constitutio Criminalis Carolina*, das Reichsstrafgesetzbuch Kaiser Karls V. – Artikel 131:

»Straf der Zauberei. Item so jemand den Leuten durch Zauberei Schaden oder Nachteil zugefüget, soll man strafen vom Leben zum Tode, und man soll solche Straf gleich der Ketzerei mit dem Feuer tun; wo aber jemand Zauberei gebraucht und damit niemand keinen Schaden getan hätte, soll sonst gestraft werden nach Gelegenheit der Sach, darinnen die Urteiler Rats gebrauchen sollen, als von Ratsuchenden geschrieben steht ...«

Dieser Bamberger Artikel ging, wie auch der über die Denunziation, der 55., wörtlich in die Carolina ein, 1532, und man mag wohl ein bißchen Nachdenklichkeit wenden auf diesen »hellsten und aufgeklärtesten Kopf seiner Zeit« und seinen Bischof Georg III. Schenck von Limburg: durch sie gelangte der Irrsinn des Hexenwahns, durch sie gelangte der Irrsinn der kanonischen Strafmaße ins Reichsgesetz, nach dem dann 300 Jahre lang Recht gesprochen wurde ...

Die frommen Bamberger, die immer noch untertänigsten Untertanen, halten Schwarzenbergs Andenken sehr in Ehren. Sie haben eine Straße nach ihm benannt.

*

Es dauerte noch Jahrzehnte, bis die Wahnsaat auch in Bamberg aufging, bis auch dort der Teufel endlich sichtbar wurde. Gedenken wir des Bamberger Weihbischofs Jakob Feucht, 1540–80, der ihn in seiner ›Großen Postille‹ für alle Welt lesbar so sah: »Viele der schwachen, unbeständigen Christen, meistens Weiber, lassen sich durch die nichtigen Versprechungen des Teufels betören, betrügen, für immer und ewig verführen. Dergleichen Pakt macht der Teufel mit den Hexen und Unholden, mit den Schwarzkünstlern und Teufelsbeschwörern und was dergleichen verruchte, verfluchte und verzweifelte Leute mehr sind ...«

Verzweifelte – das wohl. Aber verruchte, verfluchte Leute? Der Begriff des Bösen, auf wie eigentümliche Weise ihn die Kirche auch verstand und versteht, läßt sich im »Hexenwesen« kaum wiederfinden, wie immer man es verstand und versteht. Ob man die irrwitzigen Geständnisse, die von der Folter erpreßt wurden, beim unglaublichen Wort nimmt, ob man's sich von den phantastischen Zeichnungen des Meisters Hans Baldung Grien vorstellen läßt, immer bleibt es ein harmlos armseliger Ausbruch der zu lange geschundenen Freiheit: ein wirres Gemisch aus Phantastik und Hysterie. Zugleich aber auch: das nur zu genaue Äquivalent einer Metaphysik, die eine voll durchdämonisierte »bezauberte Welt« überhaupt erst geschaffen hatte, ein verzerrtes Widerbild der ebenso irrealen des »Glaubens«. Was es aus einem bloßen Kulturkuriosum zum Mittelpunkt später Barbarei gemacht hat, war erst die Barbarei, mit der dieser Glaube darauf reagierte: – nirgends geht Humanität, Vernunft, mitleidende Empfindlichkeit so zugrunde wie da, wo zwei Wahnformen zusammenstoßen. Neun Millionen unschuldige Opfer hat, wie Voltaire errechnete, dieser Zusammenprall gekostet ...

Die Dokumente aus den Anfängen, der Regierungszeit der Fürstbischöfe

Neythard von Thüngen und Johann Philipp von Gebsattel, 1591–1609, sind schweigsam: nur zwei Aktenfaszikel über Hexenprozesse haben sich erhalten. Gedenken wir ihrer Opfer:

1595: Margaretha Pemmer, eine Greisin, 49 Jahre lang in friedlicher Ehe verheiratet, 5 Kinder, 16 Enkel. Anfang Juni kam sie in das Gefängnis der Alten Hofhaltung neben dem Dom; 70 Tage lang wurde sie von den »weltlichen Räten« des Fürstbischofs – den Herren Pelhaim, Marschalk und dem Doktor beider Rechte Gregor Harsee – »gütlich und peinlich« verhört, bis das Geständnis der Hexerei aus ihr herausgefoltert war und man ihr eröffnen konnte, »es sei nun an dem, daß sie ihr Leben verwirkt habe«: – am 31. Juli wurde sie nach Bamberger Recht zum Feuertod verurteilt ... 1601: Anna Böhmer, eine verheiratete Frau, im »Lochhaus« in Haft. Am 23. August ordneten »Seiner fürstlichen Gnaden weltliche Herren Räte« an, daß die Gefangene »mit Ernst in der Güte und, wenn sie nicht bekennen wolle, was sie von Truderei wisse, forters mit den Beinschrauben examiniert werden solle«: – nur das Bruchstück eines Schicksals, dessen Ende in der Finsternis der Geschichte verscholl ...

Unter Johann Gottfried von Aschhausen, 1609–22, der zugleich Fürstbischof von Bamberg wie von Würzburg war, flammten die Scheiterhaufen greller auf. Schon am Anfang der Regierungszeit dieses Seelenhirten, von dem seine Biographen meist nur melden, daß er »durch außerordentliche und kostbare Anstalten zur

Beförderung des Kultus sein Andenken verewigt« habe, stand ein keifendes Mandat »wider das greuliche, hochsträfliche Hauptlaster der Zauberei, Wahrsagerei, verdächtige, unnatürliche, verbotene Kunst, etliche Zauberinnen und vermeintliche Wahrsagerinnen, welche mit ihren Zauberwerken Gottes Gebot und die Reichsgesetze, zum Verderben für Menschen und Tiere und zur Beschwerung vieler Gewissen, betrüglicher, hochsträflicher Weise ohn alle Scheu übertreten...«

Gedenken wir einiger Opfer. Im Dezember 1614 wurde die Frenzlerin aus Weißmain, eine 74-jährige Greisin, mit Daumenstock und Beinschrauben gefoltert und drei Viertelstunden lang auf den »Bock« gesetzt: – als man das gequälte Weib ins Gefängnis der Hofhaltung zurückführen wollte, »ist dasselbe unvermutet weggegangen und auf der untersten Staffel der Hofratsstube tot niedergefallen«, wie die Kommissare Seiner Fürstlichen Gnaden meldeten: unschuldig, wie sie ebenfalls zu melden hatten: »Inquisitin hat sich durch die drei Grade der Folterung von den gegen sie vorliegenden schweren Indizien überflüssig purgiert und ihre Unschuld insoweit dargetan, daß dieselbe, wenn der Tod sie nicht ereilt hätte, von der Instanz absolviert worden wäre. Es ist deshalb der Hingeschiedenen ein christliches Begräbnis zuerkannt, und soll ihrem Mann und ihren Kindern, um üble Nachreden abzuwehren, ein Zeugnis ausgestellt werden ...«

1616 im Oktober wurden drei Bamberger »Trudnerinnen« – Margaretha Schmid aus dem Sehlgäßlein, Katharina Reubler vom Kaulberg und die Dienstmagd Gertraud Gick – »nach vielfältigem Examen und ausgestandenen Torturen« zum Feuertod verurteilt, und als besondere Gnade ordnete der Fürstbischof an, daß vor der Verbrennung die eine stranguliert, die beiden andern enthauptet werden dürften. Die so Begnadeten bedankten sich durch letztwillige Legate an die Mutter Kirche: ein kleines Nebenprodukt, das im Fall begüterter Delinquenten fast regelmäßig beim Folterexamen abfiel. Später konfiszierten die Bischöfe direkt: nach einem Schriftstück aus dem Jahre 1631 hat der Fuchs von Dornheim die Kirchenkassen auf dem Wege der Todesurteile um rund 500.000 Gulden reicher gemacht.

Für das Jahr 1617 verzeichnen die ›Annuarien‹ des Bamberger Jesuiten-Kollegiums, »die Väter der Gesellschaft Jesu hätten einhundert und zwei, größtenteils wegen Hexerei zum Tode verurteilte Verbrecher auf dem Weg zum Richtplatz begleitet, nachdem sie denselben auch während ihrer langwierigen Haft im schmutzigen Kerker vielfach Beistand geleistet.« Das bestätigen die Akten: allein im kleinen Dorf Hallstadt bei Bamberg wurden im zweiten Halbjahr 1617 28 »Hexenpersonen justifiziert«, an einem Tag 13 auf einmal, und der Stadtschreiber von Zeil, Hans Hüter, hat, wie aus einem Brief seiner Witwe an seinen Bischof hervorgeht, an 49 »Hexenexamen« mit 159 Delinquenten teilgenommen.

Gedenken wir des Bamberger Weihbischofs und Generalvikars Dr. Friedrich Förner, der seine in Bamberg gehaltenen »Hexenpredigten« sogar gedruckt herausgab, 1626, und darin das Wirken des Fürstbischofs Johann Gottfried von Aschhausen also würdigte:

»Da in der Stadt Bamberg das Unheil des höllischen Teufelsdienstes um sich gegriffen, ist derselbe, entflammt von dem gerechtesten Eifer für die Ehre Gottes und das Heil so vieler vom Teufel verführten Seelen gegen alle, welche sich mit abergläubischen Dingen, mit Beschwörungen, Wahrsagerei und Hexerei abgegeben, mit milder Strenge und strenger Milde, durch Feuer und Schwert eingeschritten ...«

*

Mit milder Strenge und strenger Milde – das hieß? Erstens: *Territio verbalis:* Vorführung des Scharfrichters und seiner Instrumente. Genügte sie nicht, so folgte zweitens: die *Territio realis:* der nackt ausgezogenen Inquisitin wurden die Daumenstöcke angelegt, jedoch noch nicht zugeschraubt. Blieb auch das ohne Eindruck, so schritt man drittens: zur *Tortura stricte sic dicta.*

Erster Grad waren die Daumenschrauben: flache Eisenstücke, zwischen denen die Daumen zerquetscht wurden; zur Erhöhung der Wirkung pflegte der Henker mit einem Hammer auf die

Platten zu klopfen. Ferner: die Beinschrauben, ähnlich konstruiert; nicht selten zersplitterte bei dieser Marter das Schienbein …

Zweiter Grad: der »wehe Zug«: die nackt ausgezogene Hexe wurde mit einem Strick an den auf dem Rücken gefesselten Armen in die Höhe gezogen; in der Regel wurden diese dabei ausgerenkt. Nicht selten kamen Gewichte an die Füße des Opfers: der Historiker Lambert, der ein Buch über die Seelsorge im Bistum geschrieben hat, teilt einen Fall mit, wo ein Unglücklicher auf solche Art 8 Schuh hoch gewunden wurde und dabei einen Gewichtstein von 20 Pfund an die Zehe gehängt bekam; die Marter dauerte dreieinhalb Stunden …

Dritter Grad: Bei der speziellen »Bambergischen Tortur« wurde der *»Torquendus«* auf den Spanischen Bock gesetzt und ausgepeitscht; dabei waren Daumen und Zehen eingeklemmt; als Dauer geben die Protokolle nicht selten eine Viertelstunde an. Ferner: die »Schwefelfeder«: man klebte den Opfern Pflaster aus Pech oder Schwefel auf die nackte Haut und zündete sie an. Ferner: die »Kühnstöcke«: sie wurden unter die Fingernägel getrieben und angezündet. Ferner: das »Helmschneiden«: ein Netz aus dünnen scharfen Schnüren, die über dem Kopf zusammengezogen wurden und die Kopfhaut zerschnitten…

Spezielle Bamberger Erfindung mit speziellem Bamberger Namen: der »Betstuhl«: ein Brett mit kurzen spitzen Holzstacheln, auf dem der Delinquent knien mußte. Weitere Bamberger

Spezialität: die Durstfolter: die Opfer bekamen einen aus Heringen, Salz und Pfeffer zusammengekochten Brei zu essen, ohne daß ihnen zu trinken gegeben wurde. Das Bad in ätzendem Kalkwasser, die Folter des Hungerns, der tagelangen Schlafverhinderung: – es gibt keine Greuel der Geschichte, die nicht zur Bamberger Geschichte geworden wären ...

Am Ende: der Tod durch Feuer, gelegentlich durch vorherige Erdrosselung oder Enthauptung gemildert. Mitleidige Henker banden den Opfern manchmal ein Säckchen Schwarzpulver um den Hals ...

Das Annuarium der Jesuiten über den Fürstbischof Johann Gottfried: »Wie es scheinet, hat derselbe nun endlich mit Ernst sich daran gemacht, den Acker Gottes vom Unkraute der Hexerei gründlich zu reinigen. Gleich als ob er zur Ausrottung solcher Greuel sich eidlich verpflichtet, hat er aus glühendem Eifer Feuerbrände zum Himmel emporlodern lassen. Demgemäß steht zu hoffen, daß das Dorngestrüpp im fränkischen Gefild bald ausgereutet sein wird, so nicht der Himmel diesen herrlichen Oberhirten der Erde mißgönnet ...«

*

Der herrliche Oberhirte wirkte bis 1622 – zuletzt mit etwas verminderter Kraft, da ihn seit 1618 mehr der

Dreißigjährige Krieg beschäftigte, an dem er mit einem Kontingent von 13.000 Mann beteiligt war. Ihm folgte: ein womöglich noch herrlicherer Mann: Johann Georg II. Fuchs von Dornheim, Fürstbischof in Bamberg 1623–33. Als der »Hexenbischof« und »Hexenbrenner« ist er in die Geschichte eingegangen, und die Historiker geben sich vergeblich Mühe, sein Bischofsamt von dem des Reichsfürsten zu sondern: er hat, als Bischof und Reichsfürst, der Menschenjagd Institution und System gegeben, durch seine »Weltlichen Räte« und deren »deputierte Kommissäre«, »Malefizräte«, »Direktoren zu Bamberg«; er hat die Greuel zu Bamberg auf ihren kaum vorstellbaren Höhepunkt gebracht.

Gedenken wir einiger Bamberger Bürger, die unter dem Pontifikat des Fuchs von Dornheim die berüchtigte »Malefiz-Kommission« bildeten, eine Verbrecherische Organisation, die selbst in vergleichbaren Städten nicht ihresgleichen hatte: – gedenken wir der Doktoren der Rechte Braun, Einwag, Fleischmann, Fuchs, Götzendörfer, Geyer, Haan, Harsee, Herrenberger, Lüschwitz, Lyer, Rombrodt, Schwarzkonz, Stainer, Vasolt, Winter, Wolfsthal ...

Die Zahl ihrer Opfer: – da die Akten der Jahre 1624–30 nur lückenhaft erhalten sind, läßt sich eine genaue Ziffer nicht feststellen. Ein Dokument vom April 1631 gibt »fast 600« in Bamberg und Zeil »justifizierte« Personen an, dasselbe eine 1659 in Bamberg gedruckte Flugschrift; die noch in den Archiven vorhandenen Todesurteile belegen den Feuertod von über 250 Menschen. Der Jesuiten-Pater Petrus Kircher, der in Bamberg drei Jahre lang, 1626–29, »für das Heil des überaus hartnäckigen Hexenvolks mit der größten Geschicklichkeit gearbeitet«, hat – laut Annuarien seines Ordens – »nicht weniger als 400 verlorene Menschen zu einem guten Tode vorbereitet ...«

1624, ein kleines Jahr nach der Inthronisation des Fuchs von Dornheim, wurden die alten Akten hervorgeholt und lange Listen von sogenannten *»Complices«* angelegt, von Namen also, die in früheren Folteraussagen mit genannt worden waren; die Kommission befand darüber, ob hinreichend Grund vorliege, zur »Captur« oder beliebendenfalls zur »Tortur« zu schreiten. Damit begann: eine Kette von über 900, aller Rechtsordnung hohnsprechenden Inquisitionsverfahren.

Bamberg sei durch den Fürstbischof in einen erbärmlichen Zustand gebracht, heißt es in einer Petition an den Kaiser von 1630. Viele Hunderte, darunter vornehme Bürger, seien durch ihn um Leib, Ehre, Gut und Blut gekommen; ihr Vermögen würde »consigniert« und dem Fiskus, teilweise auch den Untersuchungsbeamten zugeschrieben. Bei den Untersuchungen würden die Rechtsnormen nicht im geringsten beobachtet: die Folterungen geschähen ganz im Geheimen; sogar in den Todesurteilen würden die Namen der Verurteilten nicht genau angegeben, sondern lediglich mit Ziffern bezeichnet. Der Bischof habe ein ganz besonderes Gefängnis, nicht zur Verwahrung, sondern mehr zur Peinigung der Verhafteten, nebst einem schrecklichen Marterhaus mit neu erfundenen Folterinstrumenten errichten lassen …

Jenes »Drudenhaus«, vom Fürstbischof Johann Georg 1627 errichtet, ist vom Erdboden und aus dem Gedächtnis verschwunden; niemand weiß mehr den genauen Ort. »Rückwärts vom Lochhaus, ohnfern des Haffen-Plätzleins« habe es gelegen, sagt eine Chronik der Zeit, am Häfner-Platz also, an der Kreuzung von Franz-Ludwig-Straße und Promenade, in einem Winkel der ebenfalls verschwundenen Stadtmauer. So muß es die stimmungsvolle Kulisse heute nicht mehr stören.

Aber im Bild ist es erhalten geblieben, in einer »Wahren und Eigentlichen Contrafaktur des Neugebauten Bambergischen Malefiz-Hauses, welches zur Abstrafung und Bekehrung derer von Gott entwichten und verleugneten boshaften Menschen ist ausgebauet worden«. Und der Grundriß kommt der Phantasie zu Hilfe, wenn sie denn ihrer bedürfte: zwei Stockwerke, in jedem ein längs durchlaufender zentraler Flursaal, der auf je eine »Kapelle« mündete; rechts und links außer Wachräumen, »Stuben« und natürlich einer »Beichtkammer« 26 kleine Zellen; die Fenster, hoch unter der Decke, kaum größer als ein DIN-A-4-Blatt …

Das Haus war dauernd besetzt, wurde leer und wieder voll und immer wieder leer und voll, jahrelang. Gedenken wir des Baumeisters auch dieser Bamberger Baute, von dem sein Lobredner, Weihbischof Förner, schrieb, er habe »aus Eifer für die Ehre Gottes nach Gebühr und Amtspflicht das Schwert der Gerechtigkeit« geschwungen ...

Verurteilt wurden 1628 zu Bamberg auf dem Rathause den 5. Februar 7 Personen zum Verbrennen und 2 mit 10 bzw. 3 Griffen mit glühendem Eisen und Abhauen der rechten Hand; den 16. Februar 8 Personen, Anna Marggrevin wird 2 mal gezwickt mit glühenden Zangen; den 30. März 6 Personen, eine wird auch 3 mal gezwickt; den 11. April 5 Personen; den 8. August 8 Personen, 2 zum Zwicken; den 7. September 6 Personen, 1 zum Zwicken ... den 19. Januar verurteilt aus Bamberg Katharina Haan, Katharina Röhm, Agatha Geuth, Anna Eberl, Hans Georg Eder, Hans Morhaubt; den 18. März Veit Schorns Wittib verhört und gepeitscht, ist den 23. August im Gefängnis gestorben, verstockt, und den 26. verbrannt worden; den 28. Februar Gertraud Engelhard Stoltzen, 33 Jahre alt, ist den 15. März hingerichtet worden; den 29. Juni Margaretha Claußen, in die 22 Jahre alt, und Margaretha Jobsten, 22 Jahre alt, sind Montag den 10. Juli hingerichtet worden, bei beiden Mutter und Vater bereits verbrannt; den 11. Dezember Jacob Krauß, bei 51 Jahre alt, ist 5 3/4 Stunden auf dem Bock gesessen und den 22. Dezember hingerichtet; den 20. Januar Anna Zerrer, 28 Jahre alt; den 14. März Apollonia Flock, in die 60 Jahre alt; den 15. Mai Georg Zerrer, Kandengießer und des Rats; den 29. August Margaretha Beuth, ledig, 18 Jahre alt; den 4. März Katharina Preßler, Wittib allhier in der Judengasse, 44 Jahre alt; den 16. Juni Ursula Hofmeister, ledig, 20 Jahre alt;

den 18. August Michael Bach, Ratsbürger allhier, 66 Jahre alt, ist mit der Schwefelfeder angegriffen worden; den 30. Dezember Anna Schmid, der hingerichteten alten Rentenmeisterin Tochter, ledig, 22 Jahre alt ...

*

Fast endlos, über Stunden hin würde die Namensliste weitergehen, die Litanei der Schmerzen und des Todes: – es ginge über die Kräfte selbst des bloßen Hörens, sie noch einmal ganz in die Gegenwart heraufzuholen. Ein einziger Fall nur trete noch hervor, einer von ungezählten anderen – und doch ›ein sonderlicher vor anderen‹ darum, weil in ihm die geschundene Menschlichkeit Stimme erhalten hat, einmal wie nie wieder sonst, eine Stimme, deren letzter Laut noch gegen eine ganze Zeit und ihre Lenker Recht behält: – der Fall Junius ...

Johannes Junius, geboren 1573, seit 1608 im Rat der Stadt, 1614 Unter-, 1624 Oberbürgermeister von Bamberg, 1628 nun 55 Jahre alt. Am 28. Juni wurde er von den »Malefizräten« Braun, Götzendörfer, Schwarzkonz und Herrenberger verhört; er erklärte sich unschuldig. Am 30. Juni unterwarf man ihn der »peinlichen Frage«: zuerst Daumenstock und Beinschrauben; dann wurde er ausgezogen und besichtigt, hatte auf der rechten

Seite ein bläuliches Mal, aus dem kein Blut floß, als man hineinstach; dann folgte der »wehe Zug«. Er hielt aus; er sagte, er habe Gott niemals verleugnet, und Gott werde ihn nicht verlassen. Am 5. Juli sagte er nur noch, was unter der Folter zu sagen war ...

Am 24. Juli nahm er in einem langen Brief Abschied von seiner Tochter Veronica. Das Dokument, zusammen mit seinen Prozeßakten erhalten, zwei graue Bögen Papier, kaum leserlich bekritzelt von einer zerbrochenen Hand, möge in einigen Sätzen wenigstens noch herübersprechen aus der zerbrochenen Zeit, und vielleicht kann es jene, die, wie der jetzige Oberbürgermeister, »mit dem feierlichen Gedenken nicht allein ihre bedeutende geschichtliche Vergangenheit mit allen ihren Wechselfällen herausstreichen« wollen, ein wenig das Fürchten lehren:

»Zu viel hundert tausend guter Nacht, herzliebe Tochter Veronica. Unschuldig bin ich in das Gefängnis kommen, unschuldig bin ich gemartert worden, unschuldig muß ich sterben. Denn wer in das Haus kommt, der muß ein Drudner werden oder wird so lange gemartert, bis er etwas aus seinem Kopf erdichtet. Will dir erzählen, wie es mir ergangen ist... Liebes Kind, sechs haben auf einmal auf mich bekannt, als: der Kanzler, sein Sohn, Neudecker, Zaner, Hoffmeisters Ursel und Hopffen Els, alle falsch, aus Zwang, wie sie alle gesagt, und mir um Gottes willen ehe sie gerichtet abgebeten. Sie wissen nichts als Liebs und Guts von mir. Sie hätten es sagen müssen, wie ich selbsten erfahren würde ... Ich bat die

Herren um Gotts willen, sie hörten, daß es lauter falsche Zeugen wären, man sollte sie doch beeidig und sicher examinieren, es hat nicht sein wollen, sondern gesagt, ich sollte es gutwillig bekennen oder der Henker sollte mich wohl zwingen. Und da kam leider, Gott erbarm es im höchsten Himmel, der Henker und hat mir den Daumenstock angelegt, daß das Blut zu den Nägeln herausgegangen und allenthalben daß ich die Händ in 4 Wochen nit brauchen können, wie du aus dem Schreiben sehn kannst. So hab ich mich Gott in seine heiligen fünf Wunden befohlen und gesagt, er wird mir mein Schmerz lindern, daß ich solche Schmerz ausstehn kann. Danach hat man mich erst ausgezogen, die Händ auf den Rücken gebunden und auf die Höhe in die Fulter gezogen. Da dacht ich, Himmel und Erden ging unter, haben mich achtmal aufgezogen und wieder fallen lassen, daß ich ein unselig Schmerzen empfangen ... Als nun der Henker mich wieder hinwegführt in das Gefängnis, sagt er zu mir: Herr, ich bitt Euch um Gottes willen, bekennt etwas, es sei gleich wahr oder nit. Erdenket etwas, denn Ihr könnt die Marter nicht ausstehen, die man Euch antut, und wenn Ihr sie gleich alle ausstehet, so kommt Ihr doch nit hinaus, wenn Ihr gleich ein Graf wäret, sondern fangt ein Marter wieder auf die andre an, bis Ihr saget, Ihr seid ein Drudner. Danach kam der Georg und sagt, die Kommissarii hätten gesagt, mein Herr wolle ein solches Exempel an mir statuieren, daß man darüber staunen sollt ...«

Er schildert dann, wie er gequält wurde, – wie er schließlich ein Geständnis ersann, – was er gestand. Am Schluß:

»Liebes Kind, dies Schreiben halt verborgen, damit es nicht unter die Leut kommt, sonsten werde ich dermaßen gemartert, daß es zu erbarmen, und es würden die Wächter geköpfet. Also hoch ist es verboten. Ich hab etliche Tag an dem Schreiben geschrieben, es seint meine Händ alle lahm. Ich bin halten gar übel zugericht. Ich bitte dich um des jüngsten Gerichtes willen, halt dies Schreiben in guter Hut und bet für mich als dein Vater für ein rechten Märtyrer nach meinem Tode. Doch hüt dich, daß du das Schreiben nicht lautbar machest. Das darfst kühnlich für mich schwören, daß ich kein Drudner, sondern ein Märtyrer bin und sterb hiemit gefaßt. Gute Nacht, denn dein Vater Johannes Junius sieht dich nimmermehr ...«

Der Brief liegt heute noch bei den Akten; er hat die Tochter nicht einmal erreicht.

*

»Sie ruhe in Frieden!« pflegte der sehr fromme Inquisitor Dr. Georg Einwag an den Schluß des Protokolls zu schreiben, wenn er eine Hexe bis zum Geständnis gefoltert und so dem Feuertod gesichert hatte. Kann sie in Frieden ruhen, diese ganze lange Geschichte der Greuel, läßt sie sich wirklich in einen

»historischen Festzug durch die Straßen der Stadt« verwandeln, die darauf besteht, mit ihr nur noch feierlich und heiter umzugehen? Eine Vernunft, die in die Helligkeit großen Fortschritts gelangt wäre, könnte die Fähigkeit dazu finden. Eine Vernunft, die Wahn und Barbarei überwunden hätte, wäre berechtigt, gelassen vors Auge zu stellen, was sie überwand. Gedenken wir auch derer, die zur Überwindung der Greuel beitrugen; gedenken wir des großen Friedrich von Spee, 1591–1635:

Folgt man der Überlieferung des Philosophen Leibniz, so hat er, während dreier Jahre, als Beichtvater verurteilter Hexen auch in Bamberg gewirkt, und was er da sah, wurde mit zum Antrieb für das Werk, das der Welt die Augen öffnete für die Verbrechen der Inquisition: *Cautio criminalis* oder »Rechtliches Bedenken wegen der Hexenprozesse«, erschienen 1631. »Johann Philipp von Schönborn, später Bischof von Würzburg und nachmals Kurfürst von Mainz wurde als junger Mensch gelegentlich mit ihm bekannt, und als der Jüngling fragte, woher der gute Pater graueres Haar habe, als seinem Alter zukomme, da sagte jener, das habe er von den Hexen bekommen, die er zum Scheiterhaufen geleitet. Er habe mit vielem Eifer nachgeforscht, auch Macht und Einfluß der Beichte aufgeboten, und doch bei keinem von all denen, die er zum Holzstoß begleitet, irgend etwas entdeckt, was ihn hätte davon überzeugen können, daß sie zu Recht beschuldigt wären ...«

Wiederholen wir das doch noch einmal,

dem Zweifel, der sich als letzter Rest des Wahns erhalten haben könnte, ins Gesicht: bei keinem irgend etwas entdeckt, was ihn davon hätte überzeugen können, daß sie zu Recht beschuldigt wären! Und in der ›*Cautio*‹ steht neben ungezählten anderen Sätzen peitschenden Protests: »Kein deutscher Herr würde seinen Jagdhund so zerreißen lassen« wie –

– wie etwa der Bamberger Fürstbischof seine Untertanen. Der Fuchs von Dornheim, der Schwinger des Schwertes der Gerechtigkeit, hat seine Seelsorge einschränken, schließlich ganz einstellen müssen: Mandate des Kaisers, von der gequälten Bamberger Bevölkerung erwirkt, setzten dem Brennen ein Ende. »Dieses Brennen hat gewährt bis ins Jahr 1631, als der Schwed nach Bamberg kommen wollte. Da sind noch 10 Personen im Drudenhaus gelegen, davon zum Teil länger als ein Jahr und Tag. Diese hat man alle wieder herausgelassen, aber sie haben einen Eid schwören müssen, daß sie nicht sagen, wie man mit ihnen umgegangen ist ...«

Als »der Schwed nach Bamberg kommen wollte«: – da setzte sich der Oberhirte, in völlig richtiger Einschätzung seiner Taten, nach Kärnten ab, und dort ist er 1633 »durch einen unversehenen schnellen Zufall« gestorben und in der Stiftskirche von Spital am Pirn begraben worden: ein Umstand, der es den Bambergern wenigstens erspart, wenn sie durch ihren Dom gehen, auch diese gespenstische Leiche unter den Fliesen zu wissen ... Die Verfolgung flackerte noch mehrmals auf; noch einmal versuchte ein Bamberger

Fürstbischof, Melchior Otto, 1650, das alte Feuer wieder anzublasen; aber vergebens – die Zeit ging auch über diesen Wahn der Kirche hinweg, mühsam zwar, unendlich mühsam, aber doch. Erst 1749, im Geburtsjahr Goethes, ist in Franken die letzte »Hexe« verbrannt worden, eine 71-jährige Frau …

Eine Vernunft, die Wahn und Barbarei überwunden hätte … Als der Bamberger Historiker Johann Looshorn, ein frommer Katholik und selber Kleriker, 1906 den 6. Band seiner ›Geschichte des Bistums Bamberg‹ herausgab, in dem er auch die Inquisitionszeit referierte, verweigerte ihm das Erzbischöfliche Ordinariat mit fadenscheiniger Begründung die »oberhirtliche Druckgenehmigung«, das Imprimatur. Eine Vernunft, die Wahn und Barbarei überwunden hätte …?

*

»Die Fürstbischöfe verwalteten treu und zielbewußt das Erbe und bescherten uns eine Fülle von Kleinodien der Baukunst, die Zeugnis ablegen vom Geist und dem Lebensgefühl ihrer Zeit …«

– sagt der Ministerpräsident Goppel. »Ihre Zeit«, was immer sie »uns beschert« hat, sie ist längst vorüber. Längst schon ist Bambergs Geschichte Bürger-Geschichte geworden; längst schon legen die Kleinodien der Baukunst dieser schönsten Stadt Zeugnis auch ab vom freier gewordenen Menschen, von der Helligkeit größeren Fortschritts. Wer ihr Leben sieht, ihre Möglichkeiten des Glücks, fast mag er gar nicht mehr glauben an ihr Unglück und an ihre Tode.

Zwar gibt es immer noch die Rechts- und Unrechtsnachfolger der alten dunklen Obrigkeit, und es ist etwas ganz Eigenes um die Innenstruktur einer Stadt, die so lange 1000 Jahre unter solcher Herrschaft stand: – das vermag zu ahnen, wer heute noch den Ton auszuhorchen versteht, in dem Geschäftsleute, Beamte, Bürger das Machtwort »Domberg« aussprechen. Aber wer die späten Nachfahren seiner Vertreter in den hell und bunt wimmelnden Gassen sieht, wer etwa sieht, wie sich eine zur finsteren Kleidung gezwungene alte Nonne den Stephansberg hinaufmüht durch den schwülen Sommer, bei dem drängt Mitgefühl doch fast alle Beklommenheit beiseite; und wer, etwa, den Zöglingen des Priesterseminars begegnet, den »Kuttenbrunzern«, wie der Volksmund sagt, den früh ins Dunkel gesteckten jungen Gesichtern, der möchte gegen das Un-Glück, das ihn da so spät noch einmal anschaut, ganz einfach die Bamberger Mädchen verordnen: *dosim, repetatur*...

Die einstige Macht ist schwach geworden, alt und hochbetagt. Und nur manchmal schrickt die Welt noch auf, wenn die Gazetten einmal melden, daß in finsteren Winkeln dieser Landschaft immer noch »Teufel ausgetrieben« werden. Es ist etwas ganz Eigenes um die Innenstruktur einer Landschaft, die ein so altes und hochbetagtes Erbe hinter sich schleppt, und nur wenige Bamberger Bürger dürften, selbst heute noch, einsehen, daß nur für sie gesprochen wird, was gegen dieses alte Erbe gesprochen wird: Entrüstung eher hat zu erwarten, Abwehr, Verdrängen, wer ihnen etwas »vom Geist und dem Lebensgefühl« der 1000 Jahre zeigt, die sie nicht anders mehr als mit Bierfesten feiern möchten. So tief und dunkel, wie die Vergangenheit unter dem Boden liegt, über den sie gehen, so tief und dunkel blieb sie auch unter der Schwelle allen Bewußtseins mächtig und erhalten: so tief und wirksam sitzt immer noch in aller Gegenwart des Denkens und Fühlens der Bann einer Stadt, die im untilgbaren Klischee noch immer »die alte Bischofsstadt« heißt. Und sie, ihre Bürger, dürften immer noch nicht imstande sein, als Lob zu hören, was ihnen von 1919 berichtet wird – oder von 1848 –

– von der anderen, besseren Seite ihrer Geschichte, die in dieser Stadt auch ihre große Tradition gehabt hat: der Geschichte der Auflehnung gegen das Schlechte der Tradition, der Besserung des so lange Bestandenen. Gedenken wir des Bamberger Rechtsanwalts Titus, der bis 1874 seine Praxis im »Eckenbüttner« hatte:

Abgeordneter der Paulskirche, mit Robert Blum im linken Flügel. Am 4. Mai 1848 proklamierte er – auf dem seit den Bauernkriegen so ehrwürdig traditionsreichen Boden des Zinkenwörth, in der »Harmonie« – die »14 Bamberger Artikel«. Ihre Forderungen u.a.: Pressefreiheit; Gewissens- und

Lehrfreiheit; Persönliche Freiheit und Allgemeine Wahlen; Gleichheit der Bildungs-Chancen; Aufhebung aller feudalen Lasten; Aufhebung des Mißverhältnisses zwischen Kapital und Arbeit. Das Bürgerkomitee mit Rechtsanwalt Titus, Dr. Morgenstern, Georg Heger, Adam Ultsch forderte die Bamberger Bürger auf, diese Artikel mit ihrer Unterschrift zu unterstützen: – um 17 Uhr 30 waren bereits fast 1000 Unterschriften beisammen ...

Auch das gehört zur Physiognomie dieser Stadt, zu jenem Janus-Gesicht, das feiernde Schmöcke ihr »Antlitz« nennen: daß sie solche Bürger hatte – und daß solche Bürger für ihre Bürgertat im Jahr danach bestraft wurden. Auf der Datentafel, auf der Bamberg das Eigenlob seiner Geschichte öffentlich ausstellt, stehen sie auch heute noch nicht: zwischen der Errichtung der Bahnstation 1844 und dem Bau des Lehrerseminars 1871 liegt Schweigen.

*

Es ist etwas ganz Eigenes um das Innenleben einer Stadt, die so lange 1000 Jahre solcher Geschichte hinter sich hat. Soviel Schicksal, soviel Gegenwärtigkeit – ist es am Ende doch noch diese alte Geschichte, was das Fragen nach dem Fortschritt heute, dem endlich erreichten Rang des Denkens und Lebens, so heikel macht? Psychologie könnte vielleicht erklären, wie das Über-Ich einer Gruppengemeinschaft auch über weite Generationen hin aus ihrer Geschichte zusammenkommt – und warum das Verhalten noch der spätesten Zeit die früheste nie ganz aus ihren Mustern verliert ... Wäre zu besorgen, daß Bamberg seiner Geschichte vielleicht immer noch nicht ganz ledig ist?

Die Anfälligkeit für kollektiven Wahn, die Schwäche für krachend und pompös auftretende Unterdrückung, die Unempfindlichkeit für fremde Schmerzen: man sieht das alles unter den verschiedensten Vorgeschichten auf dem Planeten verbreitet und muß sich hüten, es sich zu einfach damit zu machen: – gehört es denn nicht doch zu sehr zum Lauf der Welt, als daß man es im Lebenslauf einer Stadt gesondert nachweisen dürfte?

Der Bamberger Hanns Pfau begann im Jahre 1932 eine ›Bamberger Stadtchronik‹ herauszugeben, die für jeden Tag des Jahres festhielt, »was sich in unserer lieben Vaterstadt an Freud und Leid ereignet ...« Sie ermöglicht ein Zeugnis vom Geist und dem Lebensgefühl auch dieser Zeit, die nicht mehr aus »Kleinodien der Baukunst« redete, und standen da etwa noch am 25.10.1932 »unerhörte Straßenkundgebungen der Nationalsozialisten, die für Bamberg eine unauslöschliche Schande sind« verzeichnet, so mag man doch nachdenklich werden, wenn schon die nächste Chronik, die von 1933, »dem langjährigen, unermüdlichen Kämpfer und Führer der nationalsozialistischen Bewegung in Bamberg, Herrn

Standartenführer Lorenz Zahneisen, 1. Bürgermeister der Stadt, gewidmet« ist – und wenn, wie derselbe Verfasser nun schreibt, »die siegreiche nationale Revolution wie allem, so auch unserer ›Bamberger Stadtchronik 1933‹ diesmal ihren Stempel aufgeprägt hat«: »Schlag auf Schlag folgten die Ereignisse aneinander, und jeder Kämpfer Adolf Hitlers wird beim Lesen dieser Zeilen mit innerer Befriedigung und zugleich stolzer Zuversicht auf die nun Geschichte gewordenen bedeutenden Ereignisse des Jahres 1933 zurückblicken …«

Was sich in Bamberg so bedeutend, Schlag auf Schlag ereignete, die totale Wahnbesetzung einer ganzen Stadt, war vielleicht kein Einzelfall. Aber man wird verlegen, sehr viele andere Städte zu nennen, in denen sich die einschlägige stolze Zuversicht mit gleicher Schnelligkeit und Totalität einstellte. War das am Ende doch das Ergebnis eines finsteren Wiederholungszwangs, war es die bloße Wiederkehr eines zu oft erfahrenen Schicksals?

»9. März: Eine nationale Revolution beginnt. Historisch denkwürdiger Akt vor dem Bamberger Rathaus, auf dessen Balkon die Hakenkreuzfahne gehißt wird. – 21. März: Große Kundgebung der Reichswehr, der SS und SA sowie der nationalen Verbände mit vorhergehenden Gottesdiensten. – 23. März: Der Bamberger Stadtrat hat sich selbst aufgelöst und als letzte Amtshandlung die Umbenennung der Langen Straße in ›Adolf-Hitler-Straße‹ beschlossen. – 25. März: Weitere Haussuchungen und Verhaftungen werden vorgenommen. –

1. April: Aktion gegen die jüdische Greuel- und Boykotthetze wird in Bamberg durchgeführt. – 8. April: Anordnung, daß sämtliche jüdischen Rechtsanwälte das Justizgebäude nicht mehr betreten dürfen. – 25. April: Ins Konzentrationslager Dachau verschickt werden die 5 im Landgerichtsgefängnis untergebracht gewesenen Schutzhäftlinge, die der früheren kommunistischen Partei angehörten. – 26. April: Der neue Bamberger Stadtrat ist zusammengetreten und hat Hindenburg, Hitler und Schemm zu Ehrenbürgern ernannt. – 12. Mai: Ins Arbeitslager Dachau transportiert werden 12 im Landgerichtsgefängnis inhaftierte Schutzhäftlinge. – 22. Mai: Die ›Bamberger Zeitung‹, als Organ des Mittelstandes gegründet, hat mit jüngster Ausgabe das Erscheinen eingestellt … «

Nur eben zwei Monate – und doch Bedingungslose Kapitulation einer ganzen Stadt vor der Barbarei; sie dauerte an, bis die Barbarei selbst bedingungslos kapitulierte. Bis dahin wimmeln die Chroniken des Hanns Pfau von Kundgebungen und »Aktionen«, von Schutzhaft und stolzer Zuversicht, und von den Buchstaben SA und SS in einer Weise, daß man meinen sollte, dem Setzer hätten die Lettern ausgehen müssen. Ihrer besseren, denkenden, vom strahlenden Wahn nicht erfaßbaren Bürger wußte sich die Stadt nach alter Tradition zu entledigen.:

»19. Mai: Im Konzentrationslager Dachau ist der vor einigen Tagen dorthin gebrachte Schutzhäftling, der 27-jährige Referendar Wilhelm Aron, gestorben. – 23. Mai: Auf Anordnung der

Politischen Polizei wird abends die heutige Ausgabe des ›Bamberger Volksblattes‹ beschlagnahmt; als Grund wird die auszugsweise Verbreitung der Leichenrede des Rabbiners Dr. Katten anläßlich der Beerdigung des in Dachau verstorbenen Referendars Aron angegeben ...«

Gedenken wir des in Dachau mit Bamberger Schnelligkeit verstorbenen Wilhelm Aron ... »Geist und Lebensgefühl« dieser Zeit, in der sich »Schlag auf Schlag« eine ganze Stadt einig wurde: waren sie nur eine nochmalige späte Wiederkehr des Gleichen? Einig war damit auch die alte frühere Obrigkeit:

»Wir haben eine ähnliche Zeit schon durchlebt ... und wissen daher aus einer harten und bitteren Erfahrung, wie notwendig und wichtig es ist, daß in solcher Lage jedermann ganz und gern und treu seine Pflicht erfüllt, ruhige Besonnenheit und festes Gottvertrauen bewahrt und nicht anfängt zu zagen und zu klagen ... Mit Genugtuung verfolgen wir den Kampf gegen die Macht des Bolschewismus, vor dem wir in zahlreichen Hirtenbriefen gewarnt haben, wie der Reichsregierung bekannt ist ...«

Unter diesen neu-für-alten Wahnbildungen der deutschen Oberhirten aus dem Jahre 1941 stand auch der Name Jacobus von Hauck, Erzbischof von Bamberg, heute unter den Fliesen des Doms. Der Krieg, den er »mit Genugtuung« verfolgte, blieb der Stadt Bamberg fast ganz erspart: wurde er ihr von ihrer alten Obrigkeit nur aus Mangel an Anschauung so warm empfohlen? Haucks

Nachfolger, Erzbischof Joseph Otto Kolb, sah ihn 3 Jahre später zwar zwangsläufig nicht mehr ganz so günstig, doch dagegen war auch seine Empfehlung nicht: »Wenn Armeen von Soldaten kämpfen, dann muß eine Armee von Betern hinter der Front stehen ... Christus erwartet, daß wir gehorsam wie er das Leiden willig übernehmen und das Kreuz tapfer tragen ...«

Dies noch 1944: – die Stadt Bamberg hat eine Straße nach ihm benannt. Die Anfälligkeit für Wahn, die Schwäche für Unterdrückung, die Unempfindlichkeit für fremde Schmerzen: wie alt ist eigentlich die Vergangenheit, der sie angehören? Noch vor wenigen Jahren erst brachte die Stadt am Alten Rathaus diese Gedenktafel an: »Im Weltkrieg 1939–45 fielen aus der Stadt Bamberg 1992 getreue deutsche Soldaten an den Fronten Europas und Afrikas. Durch Bombenangriff gaben ihr Leben für die Heimat 242 Männer, Frauen und Kinder. Vermißt blieben 1642 Brüder und Schwestern. Wir gedenken ihrer in unauslöschlicher Dankbarkeit.«

Dankbarkeit wofür? Daß sie vermißt blieben? Daß sie fielen? Daß sie »durch Bombenangriff« ihr Leben »für die Heimat gaben«, wie sich das meist ergibt, wenn sich die Heimat auf zuviel stolze Zuversicht und Genugtuung einläßt? In dem Gymnasium, das sich heute nach E.T.A. Hoffmann nennt, steht, 1933 angebracht, unter der Namensgedenkliste der im 1. Weltkrieg gefallenen Schüler der Lehrerbildungsanstalt steinern heute immer noch dieser Satz: »Jugendbildner und Volkserzieher wollten sie werden, und sie sind es geworden durch einen frühen Heldentod.«

Bamberg putzt und pinselt seit Monaten an seinen Fassaden, daß es eine Art hat. Ist es nur Kurzsichtigkeit, was die so aufs reinliche Feiern bedachten Bürger diesen Schmutz übersehen läßt?

*

Wer so tief hinuntersteigt in die Gewölbe der Geschichte, in wenige ihrer 1 000 Kammern nur, der weiß eigentlich erst die Helligkeit einer Straße zu schätzen, die jetzt wieder Lange Straße heißt, und er mag endlich sogar die Trivialität einer Stadt loben lernen, die immerhin das für sich hat, daß sie das Pathos des Todes verdrängte. Nur selten noch, wenn der Schall der Großen Domglocke auf die wimmelnden Gassen niedergeht, fällt ein alter Schatten auf die erneuerte Stadt; aber auch er ist bereits zum Dekor geworden, Teil der Stimmungsvollen Kulisse, die der Stadtverwaltung vorschwebt. Heiter und romantisch liegt sie da, durchschwatzt und durchzwitschert von Touristenflügen, die von der Geschichte nur noch das erspähen, was darin versteinerte. Wäre es am Ende doch das ›bessere Teil‹, das sich wählen ließe?

Auf der Datentafel, auf der Bamberg für die Touristen das

Eigenlob seiner Geschichte verzeichnet, steht vieles nicht: auch zwischen der »Bamberger Verfassung« von 1919 und der Besetzung durch die Amerikaner 1945 liegt Schweigen. Läge, am Ende, Schweigen vielleicht besser auf allem, was hier geschah? Wären, wo jeder »historische Festzug« zum historischen Trauerzug werden müßte, Bierfest und Ruderregatta das besssere Teil auch des Feierns? Aus welcher Not es immer gemacht wäre, es könnte am Ende eine Tugend sein: daß diese Stadt nicht mehr imstande ist, die Gegenwärtigkeit ihrer Geschichte zu spüren . . .

Vom Alter verdunkelt und beschwichtigt, vom Vorübergang so langer Zeit unkenntlich geworden: – es fällt ja nicht einmal schwer, das so Vergangene zu vergessen. Es ist alles vorüber; es ist *alles* vorüber. Sollte man überhaupt noch das Risiko eingehen, mit Lichtfingern auf den Dom zu zeigen, mit Wegweisern auf das Hoffmann-, das Hegel-Haus? Denn auch das ist lange her, daß eine »Bamberger Zeitung« von einem Philosophen redigiert wurde; und um sich auf das Wirken E.T.A. Hoffmanns zu berufen, darf man nicht wissen, wie wenig Ursache Hoffmann hatte, sich auf die Stadt Bamberg zu berufen ... Die »Stätte deutscher Kultur und Kunst« ist, in ihrem Guten wie Bösen, zum Anachronismus geworden ...

– und das wäre, am Ende, wenn man das Böse ihrer Geschichte kennt, das Beste ihrer Geschichte doch, das ihr nachzurufen wäre? Fragen hin und her und her und hin: – eine Stadt, die das riskante

Unternehmen wagt, ihre 1000 Jahre zugleich zu feiern und zu vergessen, die ihr Bewußtsein spaltet, um Schönheit und Schweigen überein zu bringen, die das Vergangene für die Kulisse rettet und das Überwundene höchstens für die Archive, – sie muß mit diesen Fragen allein gelassen werden.

Vielleicht hat sie recht, wenn sie »nicht protzig und großspurig, sondern ein echtes Bürgerfest feiern« will, wie der Bürgermeister sagt. Vielleicht ist es, wie immer unbewußt noch, ein Signal guter Zukunft, wenn sich anschickt, eine Bürger-Stadt zu werden, was lange, zu lange eine Bischofs-Stadt war.

Die »Stätte deutscher Kultur und Kunst«: Zukunft erst könnte die Stadt, die so viel vergessen hat und so viel zu vergessen hat, im Guten allein wieder dazu machen. Was wäre ihr zu wünschen?

Ihr, der zukünftigen: neues, langes Leben. Ihr, die das Recht erwürbe aufs Vergessen: neue, lange 1000 Jahre.

Quellennachweis

Die Notierung dieser Rede bewahrt die dialogische Form der Funkfassung (s. ›Nachweise‹ am Schluß dieses Buches). Der ebenfalls durch sie gegebene Zwang zur Skizze hielt dazu an, Zitate kurz zu fassen: sie wurden in einigen Fällen, wo es ohne Sinn- oder Formentstellung anging, zusammengezogen oder nach den Regesten der Historiker gefaßt. Die sehr unterschiedliche Orthographie ist durchweg normalisiert. Benutzte Quellen u.a.: H. J. Jäck, Geschichte Bambergs, 3 Bde., Bamberg 1809/10; Fries, Geschichte des Bauernkriegs in Ostfranken, Würzburg 1877–83; F. Leitschuh, Beiträge zur Geschichte des Hexenwahns in Franken, Bamberg 1883; A. Chroust, Hg., Chroniken der Stadt Bamberg, Bamberg 1910; H. Pfau, Bamberger Stadtchronik, Bamberg 1932 ff.; J. Looshorn, Geschichte des Bistums Bamberg, 6. Bd., Bamberg 1906; T. Ebner, Friedrich von Spee und die Hexenprozesse seiner Zeit, Hamburg 1898; P. Wittmann, Die Bamberger Hexenjustiz, in: Archiv für kathol. Kirchenrecht 50, Mainz 1883. Die Übersetzung von ›Summis desiderantes‹ nach J. M. Schwager, Versuche einer Geschichte der Hexenprozesse, Berlin 1784. Unveröffentlichte Prozeßakten der Bamberger Inquisition liegen in der Bamberger Staatsbibliothek; der zitierte Junius-Brief dort unter der Signatur RB Msc. 148 Nr. 300.

Vorläufiger Schluss

Eine Narrheit abzuändern,
wegzuschaffen ganz und gar,
brauchet man in deutschen Ländern
wenigstens zweihundert Jahr':
hundert, um sie einzusehn,
hundert, um ihr zu entgehn.

Karl von Holtei.

Es ist einige Zeit her, daß diese Reden gehalten worden sind, und sieht man auf sie zurück, so hat man das gar nicht unbeklommene Gefühl, man müsse auch nachschauen, was sie in ihnen angerichtet hat, diese einige Zeit. Zehn Jahre sind für einen selbst ja viel: man kommt vom Fleck, man erlebt immer mehr und erlernt auch immer mehr; es könnte ganz leicht sein, daß man eine Meinung, Haltung, These zurücknehmen müßte angesichts des Erlebten und Erlernten, mit dem man vom Fleck gekommen ist. Man schaut nach –: hält es noch stand, was man gedacht und geredet hat, nach diesen zehn Jahren? Auch die allgemeine Zeit ist ja weitergegangen, und fraglos sieht man das den Texten an: viele kleine Tagesbezüge werden schnell unleserlich und brauchten eigentlich jetzt schon einen Fußnotenapparat: – wer ist denn nur dieser Herr Gerstenmaier gewesen? Fast tut's einem leid, daß man ihnen eine größere Dauer verliehen hat, als ihnen selber beschieden war; man soll in das Sortierungsverfahren des Weltlaufs nicht ohne Not eingreifen. Sind wenigstens die Jahrhundertbezüge noch da? Das ist natürlich nur eine rhetorische Frage: – daß sie so pfeilgeschwind verschwinden könnten, wäre nun doch zu schön, um wahr zu sein. Sie sind noch da; alles ist noch da, und selbst die bereitwilligste Suche nach einem Anlaß, eine älter gewordene Position zu den Akten zu legen, muß vor diesem Thema und seiner Dauerhaftigkeit scheitern. Ich bin durchaus nicht froh darüber; ich hätte es gern anders. Zwar habe ich nun grad – und ich muß ja meinen Augen trauen – nur wenige Tage nachdem die Vorrede zu diesem Buch fertig geworden war, den neuen Papst lachen sehen – zu einem Zeitpunkt also, an dem mein Verlangen danach beim besten Willen noch nicht zu ihm gedrungen sein konnte; es ist nicht auszuschließen, daß wir doch manches ähnlich sehen, auch wenn wir's verschieden meinen. Aber da warte ich doch lieber ab, wie's ausgeht; ich habe da ein tief eingewurzeltes Mißtrauen, und um die ganze Geschichte für geändert zu halten, bitte ich mir doch ein weiteres Jahrzehnt Bedenk- und Besichtigungsfrist aus. Wir wollen uns überhaupt Zeit lassen. Auch hat der Papst – das nun ganz im Ernst – ja ebenfalls ein Recht darauf, abzuwarten, ob ich selber in weiteren zehn Jahren noch lachen kann –: daß mir die Lust dazu vergehen werde, haben mir, mit mehr oder minder drohendem Unterton, schon verschiedene mit dem Glaubenswesen vertraute Leute angekündigt. Tatsächlich kann sich auf dem Weg ins Alter vieles zutragen, wie die Geschichte lehrt, und vor dem Tod steht allemal die Todesangst, der die Religionen seit eh ihr gutes Auskommen verdanken. Es ist ja wahr: ich habe teil am Trostbedürfnis der Menschenart – und sehe durchaus scheel auf ihre muntere Fähigkeit, ihm mit Illusionen entgegenzukommen –: werde ich sie mir ebenfalls erwerben müssen? Schön wär's, es zu können; nur ist es nicht jedem gegeben. Wir sollten das offenlassen: – ich selber könnte im Moment nur Vermutungen beitragen – und die bloße Meinung, daß doch wohl standhalten wird, was ich hier gedacht und geredet habe: auf einen Widerruf ist – außer natürlich im Fall einer zur Nachhilfe wiedereingeführten *Territio realis* – einstweilen kaum zu rechnen.

Es ist einige Zeit her –, und da hat man auf einmal das Gefühl, man müsse auch nachschauen, was man in ihr selber ausgerichtet hat, dieser einigen Zeit. Denn so gern man sie verändert sähe, so wichtig ist doch zugleich, daß sie einem nicht ganz ins Präteritum gerät: sie soll ja weiterhin das Beweismaterial liefern, und man kann nicht gegen sie recht behalten, wenn man nicht so im Verein mit ihr recht behält. Man schaut nach –: haben sie standgehalten, gegen die man gedacht und geredet hat, nach diesen zehn Jahren? Sie sind einem doch irgendwie ans Herz gewachsen, diese Lieferanten des Beweismaterials; man hat seine Sache nur gut machen können, weil sie so gut geeignet waren und einen nie enttäuscht haben; es kann einem nicht gleichgültig sein, wie's mit ihnen weitergegangen ist. Vor allem der Startheologe –: was hat er seither gemacht, was macht er, wird er machen? Ich hatte ihn jahrelang beobachtet – mit großer Geduld, wie ich wohl sagen darf –, ehe ich ihn zeichnete; als das Porträt, an dem die Kunstkritik die Lebensechtheit mit Recht rühmend hervorhob, dann öffentlich ausgestellt war, hörte ich aber lange nichts mehr von ihm, machte mir schon Sorgen, es könnte ihm nicht bekommen sein, fürchtete gar, seine ihm vorgesetzte Kirche könnte ihn jäh ins Privatleben zurückgezogen haben, um mich meines dankbarsten Modells für sie zu berauben. Gläubige machten mich auf ein Interview in einem von ihnen gelesenen Blatt aufmerksam: »An was glauben wir eigentlich noch? Prof. Thielicke: Neuer Weg zum Christentum – BILD sprach mit dem Theologen« (15.10.1970); es war aber nichts, weder ein neuer Weg noch eine ernstgemeinte Frage. Nur ein vergleichsweise bescheidener Aufsatz in der Illustrierten ›Hör zu‹ (16/1976) kam mir zwischendurch zu Gesicht: »Was bin ich – das fragt nicht nur Lembke« war der Titel, und es ging um die alte Frage des Startheologen, der's immer noch nicht weiß, obwohl ich mir solche Mühe gegeben habe. »›Ich habe sozusagen meine Identität nicht gefunden‹«, läßt er sich von einem sicher nicht erfundenen imaginären Gesprächspartner sagen; »Wer bin ich nun eigentlich? Bin ich das, was die anderen von mir denken, oder bin ich das, was ich selbst von mir weiß?« Er deutet dann noch an, es gebe »jemanden, der alle unsere Masken durchdringt und unser tiefstes Geheimnis kennt«, ohne aber genauer auf mich zu sprechen zu kommen, und schließt hastig mit einem Bekenntnis seines Glaubens. Sehr erfolgreich kann das nicht gewesen sein, und vielleicht ist er deshalb zum ›Stern‹ übergewechselt, wo er (22/1978) wieder zu seinem zweiten Lieblingsthema Stellung genommen und »die ungebührlich dominierende Eskalation der Sexualität« gerügt hat, – auch wieder nicht sehr neu, weil wir das ja alles schon vor zehn Jahren hatten und vor hundert und tausend, und auch irgendwie, bei aller Prägnanz des Ausdrucks, zu kurz und knapp: – hat er denn gar keine Bücher mehr geschrieben? Die Frage beunruhigte mich gelegentlich, ohne daß ich der Sache freilich nachgegangen wäre, weil ich ja, was er noch schreiben könnte, ohnehin schon alles kenne. Aber dann kam mir das ›Hamburger Abendblatt‹ (86/1976) vor Augen und darin, auf der Seite ›Theater, Kunst und Wissen‹ ein großer Artikel: »Den alten Gott kann nichts ersetzen. Helmut Thielicke zu den Lebensfragen unserer Zeit.« Also doch wieder ein Buch, vom alten T über den alten G: »›Mensch sein – Mensch werden‹. Der Titel klingt österlich. Wie schon kurz berichtet, hat Prof. Helmut Thielicke seine 50. Buchveröffentlichung in diesen Tagen kurz vor dem Osterfest in Hamburg vorgestellt ... Das dickleibige Buch ist der Entwurf einer christlichen Menschenlehre, es setzt sich mit den Lebensfragen unserer Zeit auseinander. Der Anstoß dazu kam dem selbst von Fragen bedrängten Verfasser aus seinen vielfachen Gesprächen mit jungen Menschen, die ihn mit der Frage nach ihrer eigenen Identität bedrängten. Es ist die Grundfrage des Menschen: Wer bin ich?« Schön, sehr schön: damit bringen wir mühelos das nächste Jahrtausend zu. Ich bin beruhigt und kann mich anderen Dingen zuwenden; die Zukunftsgültigkeit meines Porträts ist nach allem Menschenermessen gesichert. Höchstens das schöne Bildnis des Startheologen, das den Abendblatt-Artikel begleitete, hätte ich gern noch dazugenommen – mitsamt seiner Legende: »Von der Freiheit, ein Mensch zu sein: Helmut Thielicke«. Es hat mich u.a. der Sorge enthoben, ob er der Zukunft und ihren Wiederholungsaufgaben auch physisch gewachsen sein werde; ich brauche ihn noch lange als Zeugen und wünsche ihm viel Gesundheit. Bei meiner Hamburger Ausstellung seinerzeit war er krank, und das hat mich natürlich bekümmert: die Züchtigungen, die ich austeile, sollen auf den Geist schlagen, nicht auf den Körper. Jedenfalls, nun schreibt er wieder, Gott sei Dank: »auf der geistigen, nicht nur theologischen Szene einer der fruchtbarsten deutschen Schriftsteller, auch einer der lesbarsten«, was das Abendblatt wahrhaftig nicht von jedem sagen kann. »In seinem 67. Lebensjahr erinnert sein 50. Buch daran, wer Helmut Thielicke ist und wer er war: ein Herausragender in nahezu jeder Beziehung, der – wie der Michel in Hamburg die Stadt und den Hafen – die geistige Szene, die theologische Landschaft, die Gebrechen der Zeit und das Heilsangebot wie auch den Ankergrund des Glaubens überblickt.« Er dominiert und eskaliert, und man sollte, nachdem auch mein Buch daran erinnert, wer er war und ist, nun meinen, daß seiner Identität nichts mehr passieren kann. Das Heilsangebot seiner wirklich herausragenden Buchproduktion ist überdies nur »Nebenertrag eines umfangreichen wissenschaftlichen Lebenswerkes (600 Publikationen), das seinem Verfasser zahlreiche Ehrungen in aller Welt eingetragen hat«: deswegen auch die Seitenrubrik der Zeitung, zwischen deren Möglichkeiten sonst keine eindeutige Wahl bestünde. »Reiht man einige seiner Buchtitel aneinander, so erkennt man Thielickes Innenkurve«, die freilich in meinem Buchtitel noch deutlicher hervortritt: »Alles ist unmittelbar auf den Menschen gezielt und geht jedermann an.« Wir wollen auf den Busch, aus dem heraus die

Startheologie auf den Menschen zielt, nun nicht weiter klopfen, sonst kommen wir nie zu Ende; der Jedermann, der von ihr angegangen wird, muß selber sehen, wo er bleibt. Er wird ihn jedenfalls weiter lesen, diesen »Meistgelesenen«, und »auch dieser Thielicke-Satz«, mit dem das Abendblatt seine Betrachtung schließt, »sollte von den meisten gelesen werden: ›Der moderne Mensch ist unheilbar religiös‹.« Meine Rede –: der Satz ist doch wohl ein Plagiat.

Unheilbar –: damit wären wir denn bei der großen Frage, was wir überhaupt ausrichten gegen das gegenwärtige Vergangene, wir alle zusammen, die seit eh und je dagegen gedacht und geredet haben. Wir strengen uns in jedem Jahrhundert neu wieder an, und unbedingt ist viel artistisch-ästhetischer Lustgewinn durch unsere Anstrengungen in die Welt gekommen, wenngleich die Empfänglichkeit dafür immer mehr abnimmt. Auch daß unsere Artistik eine gewisse seelische Kraft vermittelt, denen, die zu solchen Anstrengungen selbst nicht fähig sind, kann als gesichert gelten: – *de consolatione artium* – darüber wäre auch heute noch immer einiges zu sagen. Sogar Zustimmung in der Sache bekommen wir gelegentlich; ich kann da allerdings nicht verschweigen, daß der Klang des Beifalls, der einem über die Post ins Haus fällt, oft etwas Beängstigendes hat. Was richten wir eigentlich aus, was ändern wir am Unveränderlichen? Das oben auf Seite 155 f erwähnte Kirchgänger-Warnschild im fränkischen Geisfeld war ein knappes Jahr nach meiner Erwähnung plötzlich verschwunden: –

manchmal, in trüben Stunden, schmeichle ich mir mit dem Gedanken, es sei dies als Erfolg meines Wirkens zu betrachten, und weiche dem anderen Gedanken aus, daß es ein Erfolg von just der Art wäre, die man auf Erden erringt. Die Wahrheit wird einfach die sein, daß die zuständige Behörde aufgrund eigener Anschauung zu der Gewißheit gelangt ist, man solle selbst im Zuge der Verkehrsregelung vor Kirchgängern nicht warnen. Was bewirken wir wirklich? Eins jedenfalls wohl nicht: eigene Anschauung. Eins aber jedenfalls immer: jenes affektierte Hochfahren aus der Gemütlichkeit, jene meist von völligem Kontenance-Verlust begleitete üble Laune, die regelmäßig entsteht, wo man an den Schlaf der Welt rührt. Der Schaum der Träume, die man stört, tritt gern vor den Mund der gestörten Träumer, und wenn das auch nicht schlimm genug schon wäre, so kommt doch schlimm hinzu, daß von ihnen dann vernünftige Antworten schlechterdings nicht zu erwarten sind – und überhaupt nicht mehr zu erwarten sind, weil der Zustand sich erst legt, wenn ihr höchstes Gedanken-Gut, die allgemeine Vergeßlichkeit, auch hier in ihre Rechte tritt. Was bewirken wir? Manchmal könnte man meinen: wirklich nur Schaum vor den Mündern. Und das ist nun gar nicht gut, geschweige denn befriedigend. Denn daß man am Ende nur viele Leute geärgert hat, reicht zu einem Erfolgserlebnis viel weniger aus, als die vielen Leute meinen; und schließlich hat man sogar noch Verständnis für die Ruhebedürftigkeit der Gestörten, denen bei dem Quatsch, von dem sie leben, wirklich nicht zugemutet werden kann, daß sie dauernd bei der Sache sind. Was bewirken wir – außer der unwillkommenen Nebenwirkung vieler genommener Ärgernisse? Als der Bayerische Rundfunk die Rede zur 1000-Jahr-Feier der Stadt Bamberg, eine vergleichsweise harmlose, auf bescheidene Wirkung rechnende Angelegenheit, gesendet hatte, war im feiernden Bamberg außer Nebenwirkungen tagelang nichts Befriedigendes zu spüren: es brach ein Getümmel der Affekte los, das selbst mir, der die Schlaftiefe des Bürgertums voll zu würdigen weiß, überraschend kam. Von den großenteils anonymen Anrufen und Zuschriften können wir schweigen; sie haben ja meist dasselbe Gesicht, überall, und wissen zudem selbst da, wo sie sich zu eindrucksvollen Lebensbedrohungen steigern, durch stilistische Mängel ihre Abdruckbarkeit auszuschließen. Aber auch die Bamberger Blätter, von Hörern und Lesern über ihre Gefühle verständigt, öffneten ihre Spalten und genügten unter Titeln wie »Gegen Pamphlet im Rundfunk wehren« oder »Bayerischer Rundfunk brüskiert Bamberg« ihrer Pflicht zur objektiven Berichterstattung. »Die Kirchenzeitung der Erzdiözese, das ›St. Heinrichsblatt‹, schreibt, der Bayerische Rundfunk habe durch leichtfertigen Umgang mit dem tragischen Schicksal von Einzelmenschen ›ein gezielt schlechtes Bild vom Einfluß der Kirche‹ gezeichnet« –: ach lesen Sie, Leser, diesen Satz doch bitte noch und noch einmal, um seiner vollen logischen Wucht inne zu werden: so etwas ist nicht aus dem Ärmel zu schütteln; das braucht 2000 Jahre Tradition. Nun blieb die einschlägige Betroffenheit nicht auf das Erzblatt beschränkt;

der erzbischöfliche Stuhl selbst legte durch seinen Generalvikar beim Intendanten des Bayerischen Rundfunks Protest ein (wo die Moderationsaufgabe, den Autor sachgerecht zu schützen und zugleich den hochgeltenden Beschwerdeführer zu beschwichtigen, rasch erledigt war), ja, er ließ sich zu der Unbedachtheit hinreißen, seinen Protest per Pressedienst überregional zu verbreiten, – und nun kam das Ganze auch in überregionale Zeitungen und ging dort natürlich anders aus, nämlich wie das Bamberger Schießen. Mir hat das, privatim, fast leid getan: denn ich mag diese Stadt, in der ich sehr gern lebe, und es ist mir nicht gleichgültig, ob man außerhalb über sie lacht – über sie wie über meinen zwar nicht Nächsten, aber doch Nachbarn, den Erzbischof. Ich widerstehe darum auch leicht der Versuchung, die ganze Geschichte hier zu dokumentieren; sie ist zudem gräßlich umfangreich, und da sie nur eine Wiederholung war, eines sehr alten Stücks, und sich irgend- und anderswo in Permanenz wiederholt, läßt sie sich auch in einem einfachen Siehe! zusammenfassen. Als Ersatz mag nur ein Ausschnitt aus der Hörerpost-Analyse des Rundfunks dienen: »Briefe und Karten insgesamt bis zum 31.7.73: 194; davon ohne Wertung, lediglich mit der Bitte um den Text: 115; negativ: 39; positiv: 37; Anerkennung + Kritik: 3. Zur negativen Post: Von 19 Hörern wird die Einseitigkeit der Sendung bemängelt (weder die positiven Seiten, noch die Schönheit der Stadt berücksichtigt). 5 rügen die Wahl des Tages (an einem Geburtstag erinnert man den Jubilar nicht an seine Schattenseiten). 5 weitere Hörer sprechen von

Goebbels-Hetze, Schwarzem Korps und fühlen sich an die NS-Zeit erinnert. 2 Schreiber bezeichnen die Sendung als Geschichtsklitterung, weitere 2 bemängeln die Plazierung während der Essenszeit. Je 1 Hörer bezeichnet den Text als Beschimpfung, meint einen DDR-Sender empfangen zu haben. Ein weiterer Hörer nimmt Anstoß an der Nachbarschaft mit der Übertragung des Pontifikalamtes. Die häufigsten Bezeichnungen: Einseitig, unsachlich, tendenziös, verzerrt, Linksdrall, infame (skandalöse) Geschichtsklitterung, Zumutung, Geschichtsfälschung, gehässige Feindseligkeit, Wühlarbeit auf dem Schutthaufen der Geschichte...« Ich widerstehe gern der Versuchung, Einzelheiten aus den Briefen zu zitieren: – es geht ja um das Große Ganze und nicht um die kleinen Menschenartigkeiten, zu denen es führt. Auch habe ich ja, auf eigenen Wunsch, das letzte Wort behalten, und es mache auch hier den Schluß – in Gestalt des offenen Briefes an die Hörfunk-Direktion des Bayerischen Rundfunks, mit dem ich mir die Sache damals (12.7.73) vom Hals schaffte:

... Durch eine Veröffentlichung der Bamberger Tageszeitung ›Fränkischer Tag‹ wurde ich mit dem Briefwechsel bekannt, zu dem Sie die Beschwerde des Bamberger Generalvikars Straub gegen meine Sendung ›Nachruf auf 1000 Jahre‹ nötigte. Ich bedaure, daß Ihnen die Mühe bereitet wurde, eine Argumentation zu erledigen, die sich zweifellos von selbst erledigt, und danke Ihnen zugleich herzlich, daß Sie die Erledigung auf eine so vornehme und gerechte Weise vornahmen. Durch den Abdruck im ›Fränkischen Tag‹ sind damit auch die von der Zeitung veröffentlichten Leserbriefe gebührend beantwortet worden, in denen mir »verlogene, einseitige Tendenz«, »Unsinn, Halbwissen und Zynismus«, überhaupt »widerlicher Zynismus«, »sadistisch-masochistische« sowie allgemein »psycho-pathologische« Eigenschaften und dergleichen mehr zugesprochen wurden ... Das Recht auf freie Meinungsäußerung ist achtbar auch da, wo es sich als Recht auf freie Unsinnsäußerung versteht, und die Zeitung, die dem Wunsch ihrer Leser nach Selbstdarstellung entspricht, ist fraglos nur zu loben. Überraschend, wenn auch nicht neu, war mir an den betreffenden Ausführungen, deren Klarheit leider durch Grammatikfehler beeinträchtigt wurde, nur eins: die angebotene Lösung nämlich, für die Greuel in der Geschichte einer Stadt, die diese Geschichte nur abzüglich der Greuel feiern möchte, den jeweiligen »Zeitgeist« verantwortlich zu machen, – eine Lösung, deren konsequente Anwendung allerdings ermöglicht, auch Gegenstände wie Auschwitz und Vietnam ohne Verärgerung feinfühliger Bürger zu behandeln, und die selbst einer Persönlichkeit wie dem, in Bamberg lange sehr geschätzten, Führer Hitler Aussicht gäbe, am Ende nur als Architekt der Autobahnen in die Geschichte einzugehen.

Eine ähnliche Lösung scheint auch Herrn Straub vorzuschweben, und es ist sicher zu beklagen, daß ich mich bei Abfassung meines Manuskripts nicht von ihm beraten ließ: ich hätte so die »bewußte Verdrehung« vermeiden können, für die Hexenverbrennungen in Bamberg ihren Veranlasser, den Fürstbischof Johann Georg II., verantwortlich zu machen – statt, wie Herr Straub vorschlägt, den »Hintergrund des 30-jährigen Krieges«, der nach Meinung der Historiker für Bamberg die dominierende Wohltat brachte, die Entfernung des genannten Oberhirten zu bewirken. Als besonders erschwerend führt Herr Straub an, daß mein Versuch, bezüglich des Gegenstandes des Bamberger

Feierns, nämlich der Bamberger Geschichte, die er in der Formel »reiches kirchliches und kulturelles Erbe« hinreichend umschrieben sieht, einige Nachdenklichkeit zu entbinden, »während der Tischzeit« erfolgte. Hier ist seinem Unmut gewiß beizustimmen, und ich muß den Vorwurf ertragen, die Möglichkeit, Bamberg durch Vortrag aus seinem reichen Erbe im Mittagsappetit zu behindern, nicht berücksichtigt zu haben. Herr Straub gebraucht da den Ausdruck »brutale Gewalt« (womit er freilich nicht die beschriebenen Vorgänge, sondern ihre Beschreibung kennzeichnen möchte), und in der Tat scheine ich da etwas weit gegangen zu sein. Da die gegenwärtige Kultur Bambergs, wie auch der Bayerische Rundfunk in mehreren Sendungen würdigte, mit den Eß- und Trinkgewohnheiten Bambergs innig verknüpft ist, muß eine Störung hier besonders verwerflich, ja brutal genannt werden.

Herr Straub weiß, »daß der Historiker die schwere Verantwortung hat, die einzelnen Geschehnisse in den Rahmen der Zeit hinein zu stellen.« Solche Rahmungsarbeit hat fraglos in klerikalen Historikerkreisen oft schöne Ergebnisse gezeitigt, und es ist immer wieder faszinierend zu beobachten, wie die Geistlichkeit, wenn sie Geschichte *schreibt*, die »schwere Verantwortung« handhabt, die ihr, wenn sie Geschichte *macht*, nicht immer bei der Hand ist. So wußte auch Herr Schneider, der gegenwärtige Bamberger Erzbischof, in seiner Pontifikalamtspredigt recht Schönes und Gerahmtes etwa über den Weihbischof und Generalvikar Friedrich Förner, den Hexenprediger, zu berichten, über den ich in meiner Sendung ebenfalls, in allerdings anderer Weise, zu berichten hatte. Herrn Schneiders Ausführungen waren von einer Art, wie sie einem Pontifikalamt wohl ansteht, und verwunderlich ist nur die Annahme des Herrn Straub, daß auch eine Sendung des Bayerischen Rundfunks die Art des Pontifikalamts hätte wahren müssen;

hiermit wird er, so fürchte ich, selbst in Bamberg nicht auf allgemeines Verständnis stoßen. Eine vollends verstörende Erfahrung stünde Herrn Straub, der »selbst in der historischen Forschung tätig gewesen« ist, bevor, wenn er es einmal unternähme, sich mit den Grundquellen der von mir berichteten Geschichte zu befassen: seine Klage müßte sich dann nämlich gegen Standesgenossen richten – gegen Pius Wittmann etwa (›Die Bamberger Hexenjustiz‹, Archiv für katholisches Kirchenrecht, Mainz 1883) oder gegen Johann Looshorn (›Geschichte des Bistums Bamberg‹, Bamberg 1906). Wie er mit ihnen ins Einvernehmen käme, bliebe seiner Findigkeit überlassen; für alle Fälle aber wäre ihm abzuraten, ihre Darstellungen während der Tischzeit zu lesen.

Herr Straub hätte sich für seine »Bischofsstadt Bamberg« lieber einen »positiven Beitrag« als »schönes Jubiläumsgeschenk« gewünscht. Das ist mir begreiflich – ebenso wie der Umstand, daß ihm der Geruch des Eigenlobs, der, verbunden mit den Ausströmungen der Bamberger Biertage, eine ganze Woche lang über der Stadt hing, seiner Bischofsstadt würdiger zu sein schien als die »polemische Note« meines Beitrags, die auch Sie bedauern. Herr Straub würde sicher erstaunt sein, erführe er, daß meine Sendung sowohl als »positiver Beitrag« wie auch als »schönes Jubiläumsgeschenk« beabsichtigt war – von mir ebenso wie von der verantwortlichen Redaktion; ich meinerseits nehme freilich ohne Erstaunen zur Kenntnis, daß er Denkanregungen weder als positiv noch als schön zu sehen vermag und sie auch nicht geschenkt bekommen möchte. Er mag damit sogar für viele »katholische Gemeindemitglieder in Bamberg« sprechen; für ganz Bamberg spricht er damit nicht, und das wird ihm möglicherweise im Lauf der Zeit ebenso aufgehen wie die Erkenntnis, daß Bamberg nur noch in seiner Phantasie eine »Bischofsstadt« ist. Denn auch hier gibt es Fortschritt, trotz aller Kreise, die ihm ihr »deutliches Mißfallen« ausdrücken, und nicht das geringste Indiz dafür mag sein, daß Herr Straub und seine Standesgenossen Andersdenkende – was ja nicht immer so war – heute nur noch durch Briefeschreiben bekämpfen können ... Einstweilen bleibt zu begrüßen, daß Herr Straub und die übrigen Hörerbriefschreiber mir durch öffentliche Ausstellung ihres Selbstverständnisses zu Belegen verholfen haben, wie ich sie in solcher Prägnanz und Beweiskräftigkeit nicht erhoffen konnte, und so haben wir uns schließlich alle in schöner Einigkeit in der Aufgabe zusammengefunden, die der Zweck meiner Sendung war: jenen »Zeitgeist« zu beschreiben, der in Bamberg Geschichte wie Gegenwart erklärt ...

Es ist einige Zeit her, und wir wollen nun vorläufig Abschied nehmen von dem unheilbaren Gegenstand unserer Widerreden –: was richten wir aus? Das richten wir aus – nicht weniger, leider, und auch leider nie mehr: ein bißchen Getümmel der Affekte – und daß uns das letzte Wort bleibt, irgendwann einmal, später, vielleicht erst am Ende der Zeiten. Lohnt es die Anstrengung, in jedem Jahrhundert neu? Schon spürt man jene ganz vergessener Völker Müdigkeiten, die man nicht abtun kann von seinen Lidern, schwerer bei jeder Arbeit dieser Art – und das eigene Müderwerden dazu: man blickt zurück und blickt sich um und möchte, nach auch nur einiger Zeit, schon manches anders sagen, leiser, stiller sagen – denn man wird ja mit den Jahren zwangsläufig immer stiller mit dem, was man sagt, und sagt manches überhaupt nicht mehr, weil man die Ohren kennengelernt hat, für die man's sagen müßte. Die Menschheit ist dumm: – das wäre ein Grund, vieles ändern zu wollen. Die Menschheit ist dumm, und was sie nicht klüger macht, kann sie doch dümmer kaum machen: – das wäre ein Grund,vieles unverändert zu lassen, wie es ist. Warum die Anstrengung, auch die Anstrengung zumutende Anstrengung? Gar irgendwelchen Beifalls wegen? Er ist keinem Gegenstand so wenig gewiß wie diesem. Nur um eine abstrakte moralische Position sichtbar zu machen? Da könnte's einem höchstens wie Nietzsche gehen, dessen Moralkritik zu dem bemerkenswerten Mut gratuliert wurde, mit dem sie die Abschaffung aller anständigen Gefühle beantrage. Zuletzt nur der Verwandtschaft wegen – nur um die Stimme einzumischen in den großen leisen Schall der Stimmen, die dem Lehren-Wahn des großen lauten Desasters das Mitwähnen aufgekündigt haben – nur damit wir, die sagen müssen, sie seien dabei gewesen, auch überliefern, daß wir keinen Anteil daran hatten? Vor der Nachwelt also: darin ist viel Romantik und am Ende auch wieder Metaphysik: – soll man sich etwa die kleine Schwäche leisten, sich ausgerechnet hier noch ausgerechnet diese Möglichkeit des Lastenausgleichs offenzuhalten?

Ganz zuletzt: bleibt, wiederum mit Nietzsche, doch bloß das bißchen Stil.

Nachweise

Die Gegenwart einer Illusion

Geschrieben im August 1978, als Vorrede zu diesem Buch. Erstdruck.

Der Startheologe

Geschrieben im Januar 1968; als Rede gehalten am 8.2. 1968 in der Hamburger Universität. Erstdruck in: Karlheinz Deschner (Hg.), Wer lehrt an deutschen Universitäten?, Wiesbaden: Limes 1968.

Warum ich aus der Kirche ausgetreten bin

Geschrieben im Juni 1969; als Rede gehalten am 25.10.1970 in der Meistersingerhalle, Nürnberg, zum Tag der Geistesfreiheit und als Abschluß der Informationswoche über Tätigkeit und Ziele des Bundes für Geistesfreiheit. Erstdruck in: Karlheinz Deschner (Hg.), Warum ich aus der Kirche ausgetreten bin, München: Kindler 1970.

Nachruf auf 1000 Jahre

Geschrieben im Mai 1973; als Rede gehalten am 24.6.1973 im Bayerischen Rundfunk und am 20.7.1973 im Grünen Saal der Harmonie, Bamberg, zur 1000-Jahrfeier der Stadt Bamberg. Erstdruck.

Vorläufiger Schluß

Geschrieben im September 1978, als Nachwort zu diesem Buch. Erstdruck.

Hans Wollschläger im Diogenes Verlag

Die bewaffneten Wallfahrten gen Jerusalem
Geschichte der Kreuzzüge, detebe 48 (1973)

Nacht-Stücke
Aria mit verschiedenen Veränderungen. Teilabdruck in: ›Das Tintenfaß‹ Nr. 24, detebe 83 (1974)

Karl May
Grundriß eines gebrochenen Lebens. detebe 112 (1976)

In diesen geistfernen Zeiten
Eine Rede. In: ›Das Tintenfaß‹ Nr. 26. detebe 122 (1976)

Serenissima oder So ist denn auch uns, Gott sei Dank, Venedig nun kein bloßes Wort mehr
Hörspiel, zusammen mit Hans Jürgen Fröhlich. In: ›Das deutsche Tintenfaß‹ Nr. 27. detebe 136 (1977)

Die Gegenwart einer Illusion
Reden gegen ein Monstrum. detebe 113 (1978)

Herzgewächse oder Der Fall Adams
Fragmentarische Biographik in unzufälligen Makulaturblättern. Roman (in Vorbereitung)

Hans Wollschläger übersetzte für den Diogenes Verlag Werke u. a. von Harold Brodkey, Raymond Chandler, William Faulkner, Edward Gorey, Dashiell Hammett und Tomi Ungerer.

Arthur Schopenhauer im Diogenes Verlag

Zürcher Ausgabe

Vollständige Neuedition, die als Volks- und Studienausgabe angelegt ist: Jeder Band bringt nach dem letzten Stand der Forschung den integralen Text in der originalen Orthographie und Interpunktion Schopenhauers; Übersetzungen fremdsprachiger Zitate und seltener Fremdwörter sind in eckigen Klammern eingearbeitet; ein Glossar wissenschaftlicher Fachausdrücke ist als Anhang jeweils dem letzten Band der *Welt als Wille und Vorstellung* (detebe 140/IV), der *Kleineren Schriften* (detebe 140/VI) und der *Parerga und Paralipomena* (detebe 140/X) beigegeben. Die Textfassung geht auf die historisch-kritische Gesamtausgabe von Arthur Hübscher zurück; die editorischen Materialien besorgte Angelika Hübscher.

Die Welt als Wille und Vorstellung I
in zwei Teilbänden. detebe 140/1–2

Die Welt als Wille und Vorstellung II
in zwei Teilbänden. detebe 140/3–4

Über die vierfache Wurzel des Satzes vom zureichenden Grunde · Über den Willen in der Natur
Kleinere Schriften I. detebe 140/5

Die beiden Grundprobleme der Ethik: Über die Freiheit des menschlichen Willens · Über die Grundlage der Moral
Kleinere Schriften II. detebe 140/6

Parerga und Paralipomena I
in zwei Teilbänden, von denen der zweite die ›Aphorismen zur Lebensweisheit‹ enthält. detebe 140/7–8

Parerga und Paralipomena II
in zwei Teilbänden, von denen der letzte ein Namensregister zur Zürcher Ausgabe enthält. detebe 140/9–10

Außerdem liegen vor:

Über Arthur Schopenhauer
Essays von Friedrich Nietzsche, Thomas Mann, Ludwig Marcuse, Max Horkheimer und Arthur Hübscher; Zeugnisse von Jean Paul bis Arno Schmidt; Chronik und Bibliographie. Herausgegeben von Gerd Haffmans. detebe 153

Gerd Haffmans
Die Kritik der korrupten Vernunft
Zur Aktualität Schopenhauers. In: ›Das Tintenfaß‹ Nr. 26. detebe 122

Ludwig Marcuse im Diogenes Verlag

Philosophie des Glücks
Von Hiob bis Freud. Vom Autor noch selbst revidierter und erweiterter Text nach der vollständigen Erstausgabe von 1948. – Register. detebe 21/1

Sigmund Freud
Sein Bild vom Menschen. – Register und revidiertes Literaturverzeichnis. detebe 21/2

Argumente und Rezepte
Ein Wörterbuch für Zeitgenossen. detebe 21/3

Das denkwürdige Leben des Richard Wagner
(Ursprünglich als ›Doppelbiographie Schopenhauer – Wagner‹ angelegt.) Register. detebe 21/4

Ignatius von Loyola
Ein Soldat der Kirche. – Zeittafel. detebe 21/5

Mein zwanzigstes Jahrhundert
Autobiographie I. – Register. detebe 21/6

Nachruf auf Ludwig Marcuse
Autobiographie II. – Register. detebe 21/7

Ludwig Börne
Aus der Frühzeit der deutschen Demokratie. – Register. detebe 21/8

Heinrich Heine
Melancholiker, Streiter in Marx, Epikureer. – Register. detebe 21/9

Briefe von und an Ludwig Marcuse
an und von Max Brod, Alfred Döblin, Ernest Jones, Hermann Kesten, Erika Mann, Heinrich Mann, Klaus Mann, Thomas Mann, Henry Miller, Robert Neumann, Joseph Roth, Stefan Zweig u. v. a. Herausgegeben und eingeleitet von Harold von Hofe. – Anmerkungen, Chronik, Bibliographie und Register. Leinenband

Essays – Porträts – Polemiken
Die wichtigsten Aufsätze aus vier Jahrzehnten. Herausgegeben und mit einem Vorwort von Harold von Hofe. Leinenband.

Herausgegeben von Ludwig Marcuse:
Heinrich Heine – Gedichte
Ausgewählt und eingeleitet von Ludwig Marcuse. – Register. detebe 139

Ein Panorama europäischen Geistes
Texte aus drei Jahrtausenden. Ausgewählt und vorgestellt von Ludwig Marcuse. Vorwort von Gerhard Szczesny. – Register. Drei Bände.

Theorie · Philosophie · Historie Politik · Polemik

ANDREJ AMALRIK
Kann die Sowjetunion das Jahr 1984 erleben? detebe 5

ALFRED ANDERSCH
Öffentlicher Brief an einen sowjetischen Schriftsteller, das Überholte betreffend.
Reportagen und Aufsätze. detebe 1/13.
Einige Zeichnungen
Graphische Thesen am Beispiel einer Künstlerin. Mit Zeichnungen von Gisela Andersch. detebe 151
Die Blindheit des Kunstwerks
Literarische Essays und Aufsätze. detebe 1/11
Ein neuer Scheiterhaufen für alte Ketzer
Kritiken und Rezensionen. detebe 1/12

ANTON ČECHOV
Die Insel Sachalin
Ein politischer Reisebericht. Deutsch von Gerhard Dick. detebe 50/20

RAYMOND CHANDLER
Die simple Kunst des Mordes
Briefe, Essays, Fragmente. Deutsch von Hans Wollschläger. detebe 70/5

JÖRG DREWS & CO.
Das zynische Wörterbuch
Ein Alphabet harter Wahrheiten. detebe 186

ALBERT EINSTEIN & SIGMUND FREUD
Warum Krieg?
Ein Briefwechsel. Mit einem Essay von Isaac Asimov. detebe 28

FEDERICO FELLINI
Aufsätze und Notizen
Herausgegeben von Christian Strich und Anna Keel. detebe 55/6

ERNST FISCHER
Überlegungen zur Situation der Kunst.
Drei Essays. detebe 15

EGON FRIEDELL
Konversationslexikon
Herausgegeben und vorgestellt von Peter Haage. detebe 59

D. H. LAWRENCE
Pornographie und Obszönität
und andere Essays über Liebe, Sex und Emanzipation. Deutsch von Elisabeth Schnack. detebe 11

GEORGE ORWELL
Im Innern des Wals
Ausgewählte Essays I. Deutsch von Felix Gasbarra und Peter Naujack. detebe 63/2
Rache ist sauer
Ausgewählte Essays II. Deutsch von Felix Gasbarra, Peter Naujack und Claudia Schmölders. detebe 63/3
Mein Katalonien
Bericht über den Spanischen Bürgerkrieg. Deutsch von Wolfgang Rieger. detebe 63/4
Erledigt in Paris und London
Sozialreportage aus dem Jahre 1933. Deutsch von Helga und Alexander Schmitz. detebe 63/5

HENRY DAVID THOREAU
Walden oder Leben in den Wäldern
Aus dem Amerikanischen von Emma Emmerich und Tatjana Fischer. Vorwort von W. E. Richartz. detebe 19/1
Über die Pflicht zum Ungehorsam gegen den Staat
Ausgewählte Essays. Herausgegeben, übersetzt und mit einem Nachwort von W. E. Richartz. detebe 19/2

H. G. WELLS
Die Geschichte unserer Welt
Ein historischer Grundriß. Deutsch von Otto Mandl u. a. detebe 67/4

JAMES ABOTT MCNEILL WHISTLER
Die vornehme Kunst sich Feinde zu machen
Whistlers ›Kunstregeln‹ und der ›Zehn-Uhr-Vortrag‹ und die Einwände von Oscar Wilde und G. K. Chesterton. Herausgegeben und mit einem Vorwort von Gerd Haffmans. detebe 34

URS WIDMER
Das Normale und die Sehnsucht
Essays und Geschichten. detebe 39/1

OSCAR WILDE
Der Sozialismus und die Seele des Menschen
Ein Essay. Aus dem Englischen von Gustav Landauer und Hedwig Lachmann. detebe 3

Über Gott und die Welt
Revolutionäre Texte aus dem Neuen Testament. Mit einem Vorwort von H. G. Wells. detebe 46

Diogenes Taschenbücher

Alphabetisches Verzeichnis

Aiken, *Die Kristallkrähe* * 76
Amalrik, *Kann die Sowjetunion das Jahr 1984 erleben?* * 5
o Ambler, *Die Maske des Dimitrios* 75/1
o Ambler, *Der Fall Deltschev* 75/2
Ambler, *Eine Art von Zorn* * 75/3
Ambler, *Schirmers Erbschaft* 75/4
Ambler, *Die Angst reist mit* * 75/5
Ambler, *Der Levantiner* 75/6
Ambler, *Waffenschmuggel* 75/7
Ambler, *Topkapi* 75/8
Ambler, *Schmutzige Geschichte* 75/9
Ambler, *Das Intercom-Komplott* 75/10
Ambler, *Besuch bei Nacht* 75/11
Ambler, *Der dunkle Grenzbezirk* * 75/12
Ambler, *Ungewöhnliche Gefahr* * 73/13
Ambler, *Anlaß zur Unruhe* * 75/14
Ambler, *Nachruf auf einen Spion* 75/15
Ambler, *Doktor Frigo* 75/16
o *Über Eric Ambler* * 187
o Andersch, *Die Kirschen der Freiheit* 1/1
o Andersch, *Sansibar oder der letzte Grund* 1/2
o Andersch, *Hörspiele* 1/3
o Andersch, *Geister und Leute* 1/4
Andersch, *Die Rote* 1/5
o Andersch, *Ein Liebhaber des Halbschattens* 1/6
o Andersch, *Efraim* 1/7
Andersch, *Mein Verschwinden in Providence* 1/8
o Andersch, *Winterspelt* 1/9
o Andersch, *Aus einem römischen Winter* 1/10
o Andersch, *Die Blindheit des Kunstwerks* 1/11
o Andersch, *Ein neuer Scheiterhaufen für alte Ketzer* 1/12
o Andersch, *Öffentlicher Brief an einen sowjetischen Schriftsteller* * 1/13
o Andersch, *Neue Hörspiele* * 1/14
Andersch, *Einige Zeichnungen* * 151
o Über Alfred Andersch * 53
o *Das Alfred Andersch Lesebuch* * 205
o Anderson, *Ich möchte wissen warum* 156
Angelus Silesius, *Der cherubinische Wandersmann* 204
Armstrong, *Mein Leben in New Orleans* 133
o Balzac, *Das Haus zur ballspielenden Katze* 130/1
o Balzac, *Zwei Frauen* 130/2
o Balzac, *Modeste Mignon* 130/3
o Balzac, *Albert Savarus* 130/4
o Balzac, *Die falsche Geliebte* 130/5
o Balzac, *Die Grenadière* 130/6
o Balzac, *Honorine* 130/7
o Balzac, *Béatrix* 130/8
o Balzac, *Die Frau von dreißig Jahren* 130/9
o Balzac, *Vater Goriot* 130/10
o Balzac, *Oberst Chabert* 130/11
o Balzac, *Der Ehekontrakt* 130/12
o Balzac, *Ursula Mirouet* 130/13
o Balzac, *Eugénie Grandet* 130/14
o Balzac, *Pierrette* 130/15
o Balzac, *Junggesellenwirtschaft* 130/16
o Balzac, *Nebenbuhler* 130/17
o Balzac, *Verlorene Illusionen* 130/18
o Balzac, *Geschichte der Dreizehn* 130/19
o Balzac, *Cäsar Birotteaus Größe und Niedergang* 130/20
o Balzac, *Das Bankhaus Nucingen* 130/21
o Balzac, *Glanz und Elend der Kurtisanen* 130/22–23
o Balzac, *Die Geheimnisse der Fürstin von Cadignan* 130/24
o Balzac, *Tante Lisbeth* 130/25
o Balzac, *Vetter Pons* 130/26
o Balzac, *Volksvertreter* 130/27
o Balzac, *Die Kleinbürger* 130/28
o Balzac, *Eine dunkle Geschichte* 130/29
o Balzac, *Die Königstreuen* 130/30
o Balzac, *Die Bauern* 130/31
o Balzac, *Der Landarzt* 130/32
o Balzac, *Der Landpfarrer* 130/33
o Balzac, *Die Lilie im Tal* 130/34
o Balzac, *Die tödlichen Wünsche* 130/35
o Balzac, *Buch der Mystik* 130/36
o Balzac, *Das ungekannte Meisterwerk* 130/37
o Balzac, *Der Alchimist* 130/38
o Balzac, *Der verstoßene Sohn* 130/39
o Balzac, *Katharina von Medici* 130/40
o *Über Balzac* * 152
o Baudelaire, *Die Tänzerin Fanfarlo* 144
Becker, *Russisch Roulette* * 104
Bellairs, *Das Haus, das tickte* * 131
Belloc Lowndes, *Jack the Ripper* * 68
o Benn, *Ausgewählte Gedichte* * 56
Bierce, *Die Spottdrossel* 106
Bosc, *Love and Order* 44
Bradbury, *Der illustrierte Mann* 127
o Bräker, *Lebensgeschichte und Natürliche Ebentheuer des Armen Mannes im Tockenburg* 195/1
o Bräker, *Tagebücher / Über Shakespeares Schauspiele u. a.* 195/2
Brambach, *Für sechs Tassen Kaffee* 161
o Braun/Iden, *Neues deutsches Theater* * 18
Brechbühl, *Der geschlagene Hund* * 24
Brown, *Flitterwochen in der Hölle* 192
Buchan, *Die neununddreißig Stufen* 93/1
o Busch, *Gedichte* 60/1
Busch, *Max und Moritz* 60/2
Busch, *Die fromme Helene* 60/3
Busch, *Tobias Knopp* 60/4
Busch, *Hans Huckebein / Fipps der Affe Plisch und Plum* 60/5
Busch, *Balduin Bählamm / Maler Klecksel* 60/6
o Busch, *Prosa* 60/7
o Čechov, *Die Möwe* 50/1
o Čechov, *Der Waldschrat* 50/2

*Titel mit * sind Erstausgaben oder deutsche Erstausgaben*
Titel mit o sind auch als Studienausgaben empfohlen

detebe-Kassetten